李文安
刑部司法官

二姨太 李氏 朝鲜人

三姨太 金氏 朝鲜人

四姨太 吴氏 朝鲜人

娶清两江总督端方之女

袁克齐（子） 娶民国总理孙宝琦之女

袁克坚（子） 娶民国陕西督军陆建章之女

袁克度（子） 娶天津富商罗云章之女

袁菉祯（女） 嫁民国总理孙宝琦之侄

娶天津盐商刘尚文之女

袁克良（子） 娶邮传部尚书张百熙之女

袁叔祯（女） 嫁直隶总督杨士骧之侄

八女（早亡）

袁思祯（女） 嫁邹文凯

袁克端（子） 娶天津盐商何仲瑾之女

袁仲祯（女） 嫁无锡资本家薛学海

四女（早亡）

袁复祯（女） 嫁陆军大臣荫昌之子

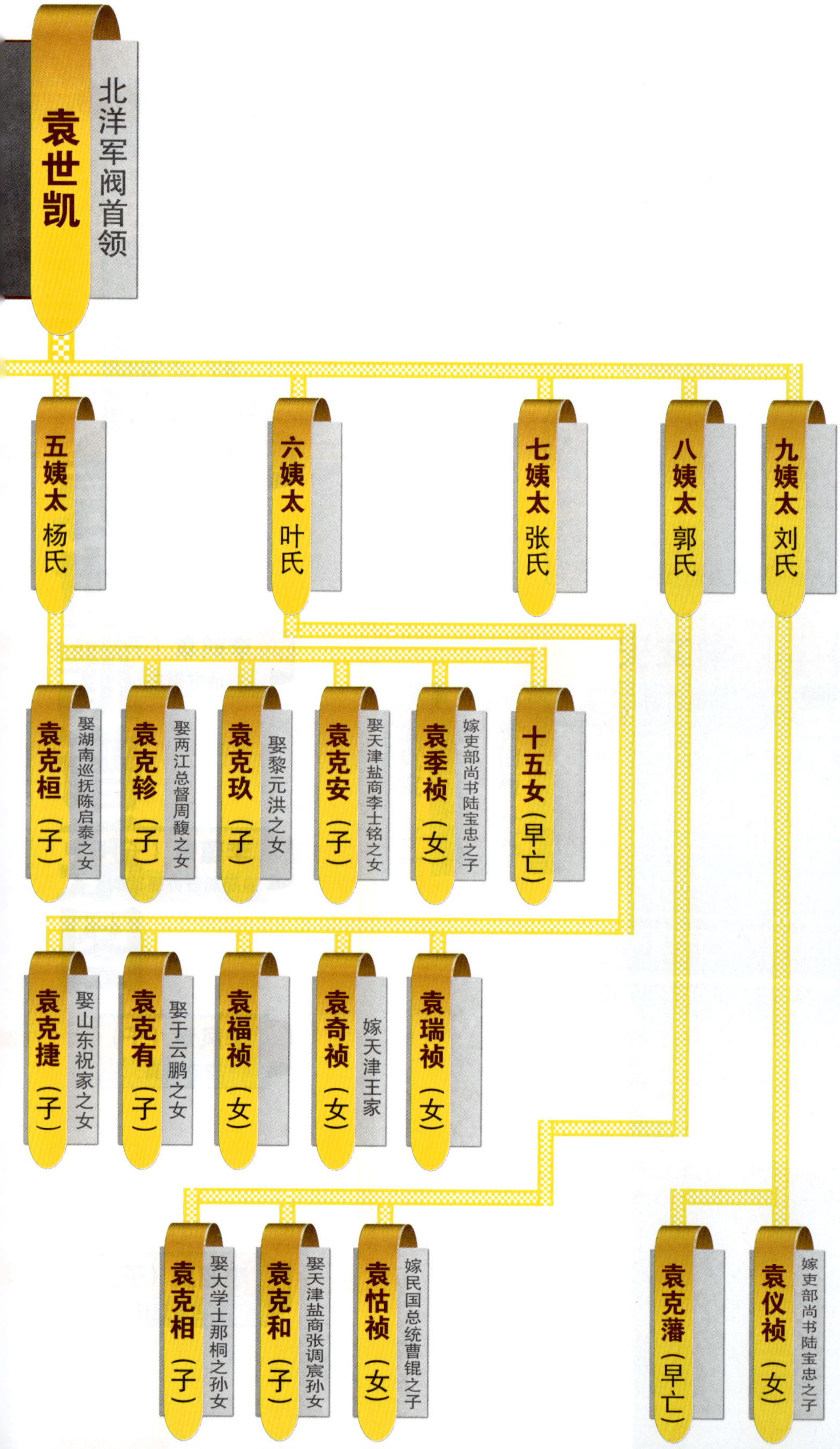
袁世凯
北洋军阀首领
五姨太 杨氏
六姨太 叶氏
七姨太 张氏
八姨太 郭氏
九姨太 刘氏
袁克桓（子）
娶湖南巡抚陈启泰之女
袁克轸（子）
娶两江总督周馥之女
袁克玖（子）
娶黎元洪之女
袁克安（子）
娶天津盐商李士铭之女
袁季祯（女）
嫁吏部尚书陆宝忠之子
十五女（早亡）
袁克捷（子）
娶山东祝家之女
袁克有（子）
娶于云鹏之女
袁福祯（女）
袁奇祯（女）
嫁天津王家
袁瑞祯（女）
袁克相（子）
娶大学士那桐之孙女
袁克和（子）
娶天津盐商张调宸孙女
袁怙祯（女）
嫁民国总统曹锟之子
袁克藩（早亡）
袁仪祯（女）
嫁吏部尚书陆宝忠之子

黎元洪

- **原配 吴氏** — 举人吴懋伟之女
  - **段宏业（子）** — 纨绔子弟无所为
  - **段式萱（女）** — 嫁李鸿章侄孙
- **续妻 张佩蘅** — 袁世凯义女
  - **段式彬（女）** — 全家移居美国
  - **段式巽（女）** — 嫁袁世凯侄孙
  - **段式筠（女）** — 嫁周恩来同学
  - **段式荃（女）** — 嫁章士钊秘书
- **大姨太 陈氏**
- **二姨太 边氏**
- **三姨太 刘氏**
  - **段宏范（子）** — 后半辈子是工人
- **四姨太 刘氏**
- **五姨太 李氏**

- 蒋方良 元配
  - 蒋孝文（子） 夫人徐乃锦
    - 蒋友梅（女） 常居英国
  - 蒋孝章（女） 丈夫俞扬和
    - 俞祖声（子）
  - 蒋孝武（子） 元配汪长诗
    - 蒋友松（子） 夫人徐子菱
    - 蒋友兰（女） 从事传播业
  - 蒋孝勇（子） 夫人方智怡
    - 蒋友青（子）
    - 蒋友常（子）
    - 蒋友柏（子） 夫人林姮怡

- 章亚若 情人 袁世凯义女
  - 蒋孝严（子） 夫人黄美伦
    - 蒋万安（子） 法学博士
    - 蒋蕙筠（女）
    - 蒋蕙兰（女） 从事文艺工作
  - 蒋孝慈（子） 夫人赵申德
    - 蒋劲松（子）
    - 蒋友菊（女） 从事瑜珈教学

- 蒋孝刚（子） 夫人王倚惠
  - 蒋友捷（子）
  - 蒋友涓（女）

冯玉祥

西北军首

微历史

1840～1949百年家族

王牧 编著

CNS PUBLISHING & MEDIA
湖南文艺出版社 HUNAN LITERATURE AND ART PUBLISHING HOUSE
博集天卷 CS-BOOKY

目录

段宏业的小女儿（即段祺瑞最小的孙女）叫段惠敏，1938年生于天津。在天津上小学时，一次历史课上，当老师讲到五四运动时，提到了当时的一些卖国贼。下课后，知道她是段祺瑞孙女的一些同学笑话她是“卖国贼”的后代，使她受到很大刺激。回家以后，段惠敏和母亲又哭又闹，觉得自己的家庭对国家造成了损害，说什么也不愿意再到学校去读书了。

赵春桂是张作霖的结发妻子、患难时的伴侣，性情温和。张作霖好骂人，常与同伙发生龃龉，经赵氏从中斡旋，赖以相安无事。因此，张作霖的拜把兄弟对赵氏既敬佩又顺服。张作霖的心腹将领辅帅张作相常说：“大帅能成就大业，多亏我那老嫂子。”

追星族王惟琛一直单恋孟小冬，始终得不到孟小冬回报，正在百般愁苦之际，听说小冬已被梅兰芳“抢了去”，便提了把枪闯进梅府。当时梅兰芳正与几个朋友吃饭，在座的北京《大陆晚报》经理张汉举自告奋勇，对梅说他先出去看看。两人言语几句，王惟琛便持枪挟持了张汉举，见有警察到来，王惟琛一紧张走火打死了张汉举，自己也被打成“蜂窝煤”。

唐小姐哭哭啼啼地跑到父亲面前道：“孩儿若不能和维钧结合，一定削发为尼！”此时贵为国务总理的唐绍仪觉得不妥。唐小姐见状，跑到了北京郊外的白云庵，并叫人通知唐总理说已择期落发，但唐绍仪仍未理睬。唐小姐见此计不成，再生一计，她又回到城里，叫人通知唐总理，说再不答应她的要求，她只好到八大胡同（旧时北京娼妓集中区）去做生意，并且挂上现任国务总理小姐玫瑰的金字招牌。这一记闷棍，果然把唐总理打昏了，他立刻请回了自己的女儿，宣布“无条件投降”。

红顶商人：盛宣怀家族 / 113

盛宣怀排行老大，兄弟共六人，列“怀”字辈。老二盛俊怀、老三盛廷怀和老四盛寰怀均不幸夭折；老五盛星怀候选知府，在甲午战争的朝鲜战役中不幸牺牲。老六盛善怀也英年早逝。兄弟六人中，夭折了两个，牺牲了一个，另外两个兄弟亦不长寿，均在二十岁左右就去世了。惟独老大盛宣怀一枝独秀，官运亨通，多子多孙。

现代吕不韦：张静江、张石铭家族 / 135

1925 年 8 月，张石铭在上海突遭绑票。在筹款赎人的时候，张家账房特用了浙江兴业银行的连号新钞票（张家是浙江兴业银行的股东），并暗中联络了巡捕房注意追踪这批连号钞票的流通情况。原来是“海上闻人”杜月笙手下的干将张松涛干的（张松涛是杜月笙的大弟子，在汉口路西藏路一带办起了扬子饭店、皇后大戏院）。巡捕房不愿得罪杜月笙，案子也只好不了了之。

你是那人间的四月天：林徽因家族 / 155

1937 年，福建人陈兴龄在当时一份名为《逸书》的杂志上撰文介绍闽侯林氏“民”字辈四兄弟的革命往事。四民分别是林长民、林肇民、林尹民、林觉民。林长民在 1925 年仓促遇难于郭松龄反奉之变中。林肇民、林尹民、林觉民是林徽因的堂叔。

两情若是长久时，又管他结婚多少次：蒋介石家族 / 173

蒋介卿死后，当时并没有安葬，只是草草做了处置，直到 1937 年 4 月 22 日才举行了隆重的葬礼。蒋介卿之妻单氏认为机会难得，私下对总管蒋孝祥说：“阿叔（指蒋介石）花钱是不在乎的，他帮我家的忙也只有这一次了，你在账目上可以多报一些。”所以报了棺木费 3000 元，出殡费 9000 元，共 12000 元，实际只用了 8000 元左右，单氏趁机捞了一笔钱。

当时每哨里要设一个专代官长喊操的教习，教习的待遇随能喊的人数多少而定。冯玉祥为了多挣几个钱，每天天不亮就起床到东大校场练习喊操，不管春夏秋冬，天天苦练。当时，同伴中一些人送他一个绰号，叫“外国点心”，意思是如此拼命喊操，早晚还是会被洋鬼子打死，而冯玉洋却特意刻了一枚“外国点心”的图章以自励。

但第一个士兵领到军饷后一数，还差两个月的，便大声嚷嚷道：“报告军长，这饷明显不够啊！”刘湘虽然被问得内心发毛，但还是故作镇静地盯了唐式遵一眼。唐式遵立马明白过来，站出来向士兵发话说：“弟兄们，我怕这银洋发到你们手上，你们非赌即嫖，很快花光，所以我把它扣起来做生意，等发了财，再加倍还给你们！”从此刘湘对唐式遵也格外器重。

鲁迅的母亲鲁瑞通过自学识字。老太太很喜欢读中国的旧式小说，鲁迅、周作人兄弟就到处搜罗小说给她看。老太太看书很快，大约过个把星期，就会跟鲁迅要书看。《呐喊》出版之后，有人给老太太看，特别指明《故乡》一篇特别好，老太太马上戴上眼镜，开始读《故乡》。读完这篇之后，她原书交还，说：“没啥好看，我们乡间也有这样的事情，这怎么也可以算小说呢？”老太太比较喜欢看张恨水的小说，鲁迅便买来寄给母亲看。

- 微 -

文章经国，家道永昌：李鸿章家族

“文章经国，家道永昌”，这是李鸿章家族的字辈排行，其实也是其两百年兴衰的真实写照。先是李文安首中进士，跻身于京官之列。接着李鸿章几兄弟也纷纷考取功名，父子会师北京。在平定太平天国的事业中，父子紧抱曾国藩大腿，成就了一番伟业。其后李鸿章大办洋务，家族子侄均受到良好的中西文化熏陶，其第二代“经”字辈中仍有总督、外交官出现。第三代坐享富贵，远离书香，家族开始衰弱。至第四代重新拾起书本，李氏家族也实现了重新崛起。

52分钟前　　来自微历史　　转发(188) | 评论(25) 52分钟前

微－李鸿章的七世祖本姓许，名稹，因过继给本村姻亲李家而改姓李，故李门有祖规：李许二姓不通婚，而与族外之许姓则不禁。

微－李鸿章的母亲一生养育了八个子女。当时生活十分窘迫，李鸿章的父亲李文安一筹莫展，时而写诗发牢骚：“难得多累怨丁添，烦碎高堂问米盐。”李母知道后，瞪着眼说：“我教孩子们发奋读书，日后都成为栋梁之才，还怕什么穷困？”

微－李鸿章之父李文安小时候有点儿“愚钝”，快四十岁才考中进士，却是李家第一个进士，而且不早不晚，正好与曾国藩同一年考中（这种关系过去叫“同年”）。老爷子勤勤恳恳，在北京当了十八年“监狱长”。虽没有给家族带来多大的官运、财运，却做了一件很了不起的事情：让儿子李瀚章、李鸿章拜曾国藩为师。

李鸿章（左）与大哥李瀚章

微－1870年，李鸿章从湖广总督调任直隶总督，留下的湖广总督的位置正好由大哥李瀚章接任。当时李鸿章的老母亲正随着他住在总督署内。总督要换人，而老母亲是同一个，自然无须“挪窝”。这可羡慕死了众乡邻：“人家老李家是总督换防，老太太不换防。”

李鸿章与李瀚章的儿子们

微－李鸿章的大哥李瀚章早于李鸿章进入曾国藩的幕府，甚得曾的欢心，为湘军后勤做出了卓越贡献。李瀚章的这一经济细胞惠及数代。交通银行第一任总经理是他的二儿子李经楚，中国银行的第一任总经理则是他的外孙孙多森（李瀚章二女儿的二儿子）。

孙多森签名的民国元年（1912年）中国银行兑换券——黄帝像壹圆

周学熙，滦州煤矿创始人，“北方实业”巨头

微－李鸿章侄女对儿子孙多森的家训：当今欧风东渐，欲求子弟不坠家声、重振家业，必须攻习洋文，以求洞晓世界大势，否则断难与人争名于朝、争利于市。1898年，孙多鑫、孙多森兄弟创办了中国第一家机制面粉厂——阜丰面粉厂。之后在周学熙的推荐下，孙多森主掌了中国银行业务，完成了从“面粉大王”到“银行大王”的华丽转身。

微－李瀚章任两广总督时，广东巡抚是满族人刚毅，后台硬，所以只好“尽鬻（售）各武职”。李瀚章过生日时，原李家厨子杨某送来一万两礼金，想让大老爷给安排个职位。李瀚章给他安排了钦防统领。但杨一打听，一个月才三百两银子，关键是没有外快，便跑去总督府诉苦。李瀚章听说后，便把杨骂了回去。还是门丁点拨了杨：你手下不是有那么多管带的职位吗？现在这个很抢手啊。杨心领神会，回去便实行“竞争上岗”，不几天，除成本回收之外还赢利三千两。

微－向李瀚章行贿的人很多，但是李从来没有让这些人吃过亏，因而获得“取之有道”的美誉。他为官三十年从来没有以“贪酷”的名义弹劾过任何人，人送外号“官界佛子”。

美人陆英，沈从文的岳母

三连襟与三姐妹：张元和、顾传玠（前排），张允和、周有光、沈从文、张兆和（后排左起）

微 – 李蕴章的女儿嫁给了陆静溪，生下陆英。陆英便是合肥四姐妹的母亲、大文豪沈从文的岳母，她有四个女儿：张元和、张允和、张兆和、张充和。

微 – 据宋路霞所著《李鸿章家族》记载，李鸿章四弟李蕴章和五弟李凤章才是李家有钱人。李蕴章年轻时期眼睛失明，但是这并不妨碍他两个手同时打算盘，他背着手绕地基一圈，就能算出建房要多少工料和时间。太平天国时期的英王府就是被李家老四买下的。

赵小莲

微 – 原配周氏去世后，李鸿章娶了二十四岁的赵小莲。赵氏生于书香门第，祖父为嘉庆时的状元、清廷册封琉球国的正使；父亲是咸丰皇帝的陪读。这也许便是她直到成了老姑娘也依然坚持“非将才之辈不嫁”信条的原因。不过赵氏却有“帮夫运”，她嫁到李家的三十年（1863—

1892）恰是李鸿章大红大紫的三十年。而赵氏一死，李鸿章的厄运也就来了，甲午战败、撤销职务……

赵小莲与女儿李菊耦（张爱玲的祖母）

微 – 李鸿章凡事都爱沾个洋气，不但请来美国驻天津领事馆的毕德格在家教儿子（李经方）习洋文，而且让毕德格用中文朗读了不下八百部英文、法文和德文书籍。就连女儿给孩子的喂奶问题，李鸿章也在信中嘱咐“乳姆既可，啜食一年后，照西法喂牛乳”。

微 – 王伯恭（翁同龢学生，曾任袁世凯的总统顾问）所著《蜷庐随笔》记载了一段亲历：“我（翁同龢）正想让他（李鸿章）到战场上试一试，看他到底是骡子还是马，将来就有整顿他的余地了！”

微 – 翁同龢停了北洋海军两年军饷，甲午战争中对李处处显示杀机，是有原因的。镇压太平天国

翁同龢

李鸿章

时期，翁同龢的哥哥翁同书任安徽巡抚却弃城逃走；咸丰十年，在处理苗沛霖反叛事件时，他又出现重大的工作失误。前线总指挥曾国藩十分愤慨，便令手下笔杆子李鸿章拟定一个奏折。老李这方面相当专业，其中一段暗含杀机的文字“臣职分所在，例应纠参，不敢因翁同书门第鼎盛，瞻顾迁就”，导致咸丰帝只好判了翁同书“斩监候”（死缓）。帝师翁心存（翁同龢老爹）一口气没上来，也就驾鹤西去了。咸丰皇帝顺势改判翁同书充军新疆。

李鸿章的大儿子李经方（右）和二儿子李经述（左）随李访问欧美时在德国留影

微 -1892年对李鸿章来说，真是忧喜参半、苦乐胶着的一年。首先正月初五是他的七十大寿，李府从上到下、从里到外的热闹劲儿就不用提了，仅慈禧赏赐的东西就得马拉驴驮。李鸿章自是感恩不尽：“当即跪迎至署，恭设香案望阙，叩头谢恩……”谢恩折子写了上万字，慈禧照例给了三个字：“知道了。”

微 -李经方原本是李鸿章的弟弟李昭庆的儿子，后过继给李鸿章。李经方精通五国语言，写得一手极帅的隶书和行草，身材高大，相貌英俊。他一生追随大爷兼老爸李鸿章左右办洋务，出使各国，连老婆也是中西合璧，除了六个中国太太，他还娶了两个洋太太，英国、法国各一个。辛亥革命后，他蜗居在家，在眼看揭不开锅的情况下，做了几单地产和古董的外贸生意，着实赚了一把，令他十分开心，“没想到我还有今天”。

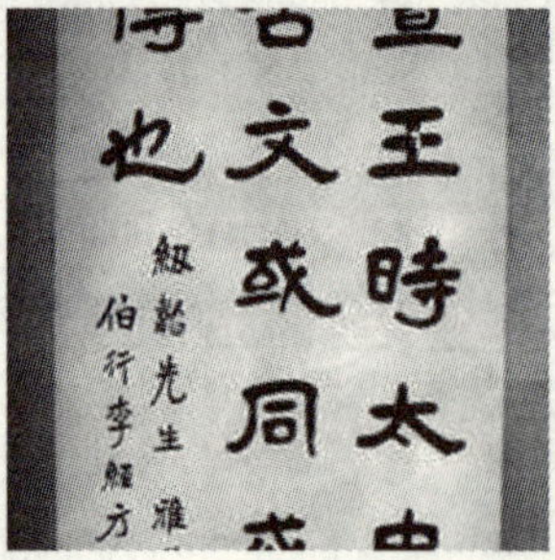

李经方书法

微 –1888 年，四十周岁且结婚两次的张佩纶（张爱玲祖父）娶了李鸿章家的大龄才女李菊耦（二十三岁）。此时李权倾朝野，而张佩纶刚流放期满回京，无怪乎惹得很多男同志眼红。有晚清对联曰：养老女，嫁幼樵（张佩纶字幼樵），李鸿章未分老幼；辞西席，就东床，张佩纶不是东西。

张佩纶

微 – 张爱玲的曾外祖母赵小莲二十四岁嫁给李鸿章，祖母李菊耦二十三岁嫁给张佩纶，姑姑张茂渊七十六岁才结婚。（据著名学者李中清的研究，清朝女性结婚年龄一般在十八岁至二十岁。）

张爱玲与姑姑张茂渊

杨圻与狄美南合影

微 - 杨圻，字云史，江苏常熟人，“江南四大公子”之一，十七岁便娶了李鸿章的孙女李道清为妻。他曾经追随岳父李经方出使英国，成为学贯中西的青年才子，后任大清国驻新加坡的领事。吴佩孚兵败武汉时，杨充任秘书长。工作之余颇感寂寞，加上第二任妻子刚去世，杨便认识了武汉名妓陈美美。五十多岁的杨秘书长整天与陈美美出双入对，引起武汉众报刊的拼命报道，有家报纸竟然如微博般登载他们的起居。杨秘书长的朋友告诉杨，只要他老人家点头，立马可以给他们点儿颜色看看。杨秘书长一笑置之，还写了两首诗寄给报刊：

其一：妓女千千万万，嫖客万万千千，轮我做了嫖客，便闹得瘴气乌烟。我也莫名其妙，君听其自然。

其二：报是他出版自由，嫖是我个人自由，要怪他家家报馆，先怪我夜夜春楼。只要风流不下流，这其间何必追究。

微 - 杨圻娶狄美南，有人赠诗云：“江东才子杨云史，塞北佳人狄美南。”

- 微 -

一门三院士：梁启超家族

梁启超是近代中国思想的启蒙者，社会活动家，民国初年清华大学国学院四大教授之一。梁启超以“善变”闻名于世。从戊戌年的变法，到庚子勤王，再到创办《新民丛报》，宣传“新民”思想；梁启超是康有为的学生、信徒、助手，但最终他们还是分道扬镳了；梁启超与孙中山合作过，也对立过；他拥护过袁世凯，也反对过袁世凯。梁启超共有九个子女，多从事科学工作，并涌现出三位院士：建筑学家梁思成、考古学家梁思永、航天专家梁思礼。

52分钟前　　来自微历史　　转发(188) | 评论(25) 52分钟前

微 –1873 年，梁启超出生于广东新会茶坑村。在《三十自述》里，他交代了自己出生的时代背景：“太平天国亡于金陵后十年，清大学士曾国藩卒后一年，普法战争后三年，而意大利建国罗马之岁也。”

青年梁启超

年轻的梁启超

1926 年，40 多岁的梁启超

56 岁的梁启超

老年梁启超

微 – 梁启超规定工作时间不接待宾客，偶有来访者，说话不能超过一小时。其书斋门上还挂有木牌：“除研究生外，无要事莫入。”

微 –1914 年 11 月月初，梁启超在清华大学做题为《论君子》的演说，引用了《易经》中“天行健，君子以自强不息”和“地势坤，君子以厚德载物”来勉励大家，从此清华以“自强不息，厚德载物”为校训。

微 – 梁启超在北京师范大学任教期间，有一次因为举办重要的校际篮球比赛，上课的学生很少，梁便大发牢骚：“做学问不如打球好玩，你们也不是要跟我做学问，不过是要看看梁启超罢了，和动物园的老虎、大象一样，看一两次就够了。不过我并不失望，不要多，只要好，我在时务学堂只有四十多个学生，可是出了蔡松坡（蔡锷）、范源濂、杨树达，一个顶一个！”

微 – 梁启超撰《墨经校释》，请胡适作序。然而书出版时，置胡适所作序于书后，而将自己答胡适的信稿置于书前。

微 – 梁启超酷爱麻将，每于演说之前大战不止，曾说：“予利用博戏时间起腹稿耳。骨牌足以启予智窦，手一抚之，思潮汩汩来，较寻常枯索，难易悬殊，屡验屡效，已成习惯。”

微 –1929 年，梁启超的学生谢国桢和萧龙友见老师身体健康状况渐趋恶化，便劝梁停止工作，注意休息。梁说：“战士死于沙场，学者死于讲坛。”不久逝世。1982 年，谢国桢因病住院，犹坚持看书不已。萧龙友的儿子萧璋劝其停止看书，注意休息。谢说：“战士死于沙场，学者死于讲坛，师训不可违！”

微－李蕙仙出生在河北省固安县，自幼琴棋书画样样精通，有“才女”之美誉。1899 年，李的堂叔、维新派大臣李端棻到广州主持高考时（典试）时，瞄上了“凤凰男”梁启超。很快，广东神童与北京大龄才女喜结连理，此时李二十三岁，梁十九岁。

微－梁启超与李蕙仙婚后先是在广东乡下老家生活了一段时间，之后便夫唱妇随，梁忙他的“公车上书”“保国会”；李办她的女子学堂，亲任校长（中国第一位女校长），同时还帮助梁将广州舌音转变为普通话。

微－梁启超曾在美国檀香山偶遇何蕙珍，心生爱慕，恰何也对梁抱有好感，欲以身相许。梁说：“我不能娶你，我当年曾与谭嗣同君创办‘一夫一妻世界会’，我不能自食其言啊！”何说：“这有何难？你可以再创办一个‘一夫两妻世界会’啊！”

微－1900 年，身居国外的梁启超与华侨子弟何蕙珍擦出火花。梁虽再三婉拒了何女士的求爱，但是心中的小鹿仍跳个不停。怀着极其复杂的心情，梁将此事告诉了结发妻子李蕙仙。李女士根本不理睬梁的忏悔，而是回信说：你又不是女子，不需要从一而终，如果喜欢何女士，我直接禀告父亲大人，成全你们就是。李女士知道父亲梁宝瑛绝不会同意他娶小，梁当然也明白，遂急忙回信向老婆大人表白：对何蕙珍只是“发乎情，止乎礼义而已”，已经对其“一言决绝，以妹视之”。

1905年，梁启超与梁思顺、梁思成、梁思永三个孩子的合影

微－王桂芬为贵州人，小时候被人贩子辗转卖了四次，最后到了李蕙仙的娘家做丫鬟。李蕙仙见其聪明伶俐，就将其带回了夫家，梁给她起个大名“王桂芬”。随梁一家到日本后，王小丫头很快学会了日语，既上得了讲堂，又下得了厨房，且很快与梁产生了爱情的结晶，生下梁思永。为了保护王小丫头，梁只好让其到澳门生产。在李大夫人兄弟的斡旋下，李大夫人才算接受了王小丫头，孩子们也改口称“王姨”。

微－胡适提出“好政府主义”前夕，梁启超、林长民等人向他建议，要拉王宠惠、罗文干、蔡元培等人加入研究系。胡适和蔡元培却决心与研究系保持距离，于是将梁、林等人晾在一旁，自己发表了一个《我们的政治主张》。梁启超大怒道：“有什么了不起，我自己一个人也可以发表宣言。”林长民则说：“胡适我们不怪他，他是处女，不愿意跟我们做过妓女的人来往。”

微－杨度去梁启超家做客，偶遇梁的情人花云仙，对其一见钟情。梁见杨一直色迷迷地看花，遂大方地说：“你若真喜欢她，我老梁就把她送给你了。”喜得杨立马拉起花的手就跑到宾馆开房。

微 –“戊戌政变”后，有人污蔑梁启超与康有为之女康同璧有染，且取梁的情诗四十首为证。其实梁的这些情诗是写给何蕙珍（曾担任梁的翻译）的。

康有为之女康同璧，留学哈佛、哥伦比亚大学，曾任万国妇女会副会长、中国全国妇女大会会长、山东道德会会长等职

微 –1902 年，年仅十八岁的康同璧得知父亲康有为流亡至印度后，女扮男装，逃出京城，走居庸，出潼关，沿丝绸之路，入新疆，翻葱岭，再转而南下。一路过关隘，涉沙漠，越险峰，躲官家，终于到达印度找到康有为。

微 – 王小丫头（桂芬）曾经很风趣且得意地对别人说：“这几个儿子真有意思，思成（学建筑）盖房子；思忠（学军事）炸房子；房子倒了埋在地里，思永（学考古）又去挖房子。”

微 – 徐志摩爱上林徽因时，林仅十七岁。二人一见钟情，情意缠绵。徐向张幼仪提出离婚时，很多朋友都反对，尤以梁启超的反对最为强烈。林曾致信徐，其中称：“呜呼志摩！天下岂有圆满之宇宙……若耽迷于不可必得之梦境，挫折数次，生意尽矣。”后来大家发现，梁启超曾与林徽因的父亲林长民早有默契，二人私下早结了儿女亲家。

微 –1922 年 3 月 4 日，梁启超应北京大学哲学社邀请，到北大第三院大礼堂做演讲，题为《评胡适的〈中国哲学史大纲〉》。梁启超事前在报纸上登了一则启事，大意是说，凡是想前往听演讲的当备该书一册。消息一出，商务印书馆所存该书销售一空，向各分馆求援仍然供不应求。第二天，胡适也来到会场听讲。演讲最后，梁启超总结性地说："这部书讲墨子、荀子最好，讲孔子、庄子最不好，凡关于宇宙观人生观方面，十有八九很浅薄或谬误。"讲到这里，梁启超转过头来对胡适说："适之，你说是不是这样，我没有造谣吧？"会场里哄堂大笑。

1923年，梁思成（左一）与林长民（左三）、林徽因（右二）、徐志摩（右一）等接待印度诗人泰戈尔（右三）

微 -1929年，梁启超在肾病手术中被切除未发生病变的右肾，引起舆论的一片哗然。当时梁启超的友人愤愤不平，劝他起诉。梁启超说："算了罢！中国人学西医，能够开刀，而令我活到如今，已经算不错了，我又何必告他。"

微－梁启超十分推崇贾谊的《治安策》(《陈政事疏》)，可以全文背诵。他向学生一面背诵一面讲解，听者惊讶之至。梁笑着说："我不能背《治安策》，又怎么能上'万言书'呢？"

微－现代汉语有许多词汇是从日语转译而来，如"经济""银行""准备"等皆是。梁启超曾以"经济"为不妥，因为在古代汉语中本有"经济"一词，意为"经国济世"。他因此提议以中国固有的"平准"来代替，并在自己的著作中首先使用，但并未获得推广，于是这个被日语断章取义过的词——"经济"，竟成为最常用的汉语词汇之一。

微－据说梁启超写一页稿，便让秘书用打字机打一页，等到梁启超第二页写完了，秘书的第一页还没打完。仅两年多的时间，梁启超就写出一百多万字的著作，他的才气堪称"近代以来第一人"。

微－梁启超做学问涉猎很广，经学、哲学、史学、文学、法学、伦理学、宗教学等，几乎无所不涉，因此有人开玩笑说其作品是"广零散"。

微－梁启超是第一个在著作中提到马克思的中国人。1902 年，梁启超以"中国之新民"的笔名撰《进化论革命者颉德之学说》，刊于《新民丛报》第十八号，文中提到的"麦喀士"即马克思。

微 -20 世纪 20 年代，清华大学国学研究院讲课有三种方式：一如梁启超，不发讲义，也不用讲稿；二如陈寅恪，不发讲义，却有讲稿；三如黄节，发讲义，而且就是一部书稿。

微 - 梁启超的同学罗孝高以“羽衣女士”的笔名在《新民丛报》上发表了几篇文章，二人便一起唱双簧忽悠马君武。罗说：“羽衣女士是我的表妹，长得非常漂亮，跟观音一样。”马一听来了精神：“她真的很漂亮吗？”梁说：“确实漂亮。”后来，马与“羽衣女士”互通了几封信，并要求见面，梁罗二人一看急了，罗无奈就直接说：“实在对不起，我老实向你坦白，‘羽衣女士’是我的笔名，其实根本没这个人。”马闻听气得暴跳，指着罗的鼻子一通大骂称要绝交。

微 -1922 年，梁启超为蒋百里的《欧洲文艺复兴史》作序。梁以欧洲文艺复兴时代的历史相比附，写起中国近代的学术复兴史，几天即草成六万字的著作《清代学术概论》，且反要蒋为此“序”写一序。

微 - 胡适有次在宴会上说：“中国古诗很多，诗人都吃肉，就是没有人写过猪。这个牲畜没有人作过诗。”同席的梁启超接着说：“不见得，清朝乾隆就写过‘夕阳芳草见游猪’的句子。”

微 –1923 年，胡适曾为青年拟了《一个最低限度的国学书目》，把《三侠五义》《九命奇冤》也列入。梁启超对胡适说：“我便是没有读过这两部书的人。我虽自知学问浅陋，但说连国学最低限度都没有，我不服。”

微 – 最初用“莎士比亚”这个译名的当推梁启超。1902 年，他在主编的《新民丛报》上发表的《饮冰室诗话》中提到：“近世诗家，如莎士比亚、弥儿顿、田尼逊……”

微 –1895 年 8 月 17 日，康有为、梁启超在北京创办了“抄录各馆新闻”的《中外纪闻》，初名《万国公报》，每期十页，印两三千份，木版刻印，双日版，免费赠送。这便是中国最早的文摘报。

微 – 梁启超在罗宾德罗纳特 · 泰戈尔生日时给他起了个中国名字，叫“竺震旦”。梁称“罗宾德罗纳特”有“太阳”“雷”之意，可引申为“如日之升”“如雷之震”，意译为“震旦”；古印度称中国为“震旦”，而中国人称印度为“天竺”，按中国习惯前姓后名，故名竺震旦。

微 – 梁启超在清华国学研究院讲课。他每星期三讲儒家哲学，由学生周传儒做记录。当时有学生出了一个灯谜：“梁任公先生每星期三讲哲学，打一人名。”众人未猜中，后谜底揭晓，就是“周传儒”。

微 – 梁启超被学生们尊称为“老博士”，梁闻后说，我还年轻，并没有老。一个学生说，那么称“先秦博士”如何？先生不是正教我们先秦政治思想史吗？梁说，不敢当，不敢当，可以加一个“准”字，称“准先秦博士”。

微 – 梁启超有着超人的记忆力，四书五经、历史典籍、诗词歌赋，往往张口即诵，即使是突然停住，只要用手敲一敲脑袋，也会马上想起，又继续大段大段往下背。有时讲课讲到紧要处，就会变成表演，手舞足蹈，或掩面，或顿足，或狂笑，或叹息。讲到欢乐处则大笑而声震屋梁，讲到悲伤处则痛哭而涕泪滂沱。听他的课，实在是种享受。

微 – 胡适评梁启超：“任公为我国革命第一大功臣，其功在革新吾国之思想界。十五年来，吾国人士所以稍知民族思想主义及世界大势者，皆梁氏所赐，此百喙所不能诬也。去年武汉革命，所以能一举而全国响应者，民族思想、政治思想入人已深，故势如破竹耳。使无梁氏之笔，虽有百十孙中山、黄克强，岂能成功如此之速耶？”

微 – 梁思成与林徽因曾约定：谁先死，活着的要为对方设计墓碑，连图也要亲自画，不能找人代替。林徽因去世后，梁思成为她做到了这一点。而金岳霖题写了挽诗：“一身诗意千寻瀑，万古人间四月天。”

林徽因与金岳霖只差一个人的距离（左一金岳霖，左三林徽因）

微 –1955 年林徽因去世，梁思成于 1962 年娶了他的学生林洙。几年后，金岳霖突然把梁思成等一众老友请到北京饭店，并没有讲理由，这让收到通知的老友们都很纳闷。饭吃到一半时，金岳霖突然站起来说："请大家过来吃饭，因为今天是林徽因的生日。"老友们望着这位终身不娶的老教授，都偷偷地抹眼泪。

微 – 梁思成的第二任妻子是林洙。林洙于 1948 年中学毕业后，随男友程应铨来到清华大学。程应铨在建筑系任教，林洙想进先修班学习，慕名去拜访林徽因，林徽因教林洙学习英文。后来，程应铨和林洙要结婚，曾接受林徽因的个人资助。1957 年程应铨被划为右派，两人离婚。

1959年，作为清华大学建筑系资料馆的管理员，林洙担当了为梁思成整理资料的工作，最后成了梁思成的第二任妻子。

微 –1923年夏天，梁思成因车祸住院，年仅十九岁的林徽因每天坐在梁思成床边照顾他，偶尔有说有笑。梁思成汗流浃背时，她便毫无芥蒂地帮他揩面擦身。这一“开放”举动让李蕙仙大为反感：“一个姑娘毫无半点儿闺秀风范，思成不可娶她。”而梁启超却因此事更加欣赏林徽因，并将喜悦之情写给了女儿梁思顺。梁思顺对父亲的赞赏不以为然。

梁思成夫妇

微 – 梁思成继承了他父亲的天才，进入清华学校后便是校园里异常活跃的少年。他喜爱绘画，任《清华年报》美术编辑；喜爱音乐，当管弦乐队队长；喜爱体育，获得过校体育运动会跳高冠军。他的外语也好，翻译了王尔德的作品《挚友》。

微 – 梁启超寄厚望于梁思成，从学业、婚姻到谋职，无不一一给予细致入微的关怀、照顾。梁思成结婚前夕，梁启超致信说：“你们若在教堂行礼，思成便用我的全名，用外国习惯叫作‘思成梁启超’，表示你以长子资格继承我全部的人格和名誉。”

初入清华大学的梁思成

微 –1947年，梁思成曾在北京大学开过“中国建筑史”课程，上课的学生有近二十人。梁思成用幻灯片来辅助教学，很有意思。最后一节课，他讲完之后，对在座的同学说："课讲完了，为了应酬公事，还得考一考吧？诸位说说怎么考好？"学生没有一个答话。梁又说："反正是应酬公事，怎么样都可以，说说吧。"还是没有人回答。梁思成开始觉得很奇怪，后来恍然大悟地说："那就先看看有几位是选课的吧，请选课的举手。"学生中没有一个举手。梁思成见此，笑着说："原来诸位都是旁听的，谢谢诸位捧场。"说完，梁思成向讲台下作了一个大揖，推门而去。

梁思成

微－梁思成作为清华大学建筑系的系主任、教授，非常重视新生的基础课学习。因此，每年他都要给一年级学生开"建筑概论"课。上第一节课时，梁思成首先在黑板上只一笔就勾画出了一只可爱的小狗，问学生这是什么。学生说是狗。他又在黑板上画了个与狗同等大小的小屋，问学生这是什么。学生回答是狗窝。他点了点头，又在狗的旁边画了一个大的房子，问学生这是什么。学生说是房子。梁思成满意地笑了，然后在黑板上写上"尺度"两个大字，说这就是尺度。学生一听就懂了。

微－清华大学建筑系的新生来到系陈列馆参观。梁思成也在馆中，他身材瘦小，腿脚不灵活，穿着西服，戴着宽边礼帽。同学们不知道他就是系主任，很好奇，就围着他观看。梁思成一点儿也不生气，诙谐地指着帽子自我介绍说：

"我就是梁思成。你们只要看这顶帽子就能猜着了，也是个大屋顶。"逗得同学们哄堂大笑。

微 – 清末，在东京的保皇派和革命派常互相谩骂，甚至于斗殴，梁启超就曾遭到群殴。当时张继是带头者。梁启超自知不敌，且辩且退，张继则拉住他的袖子不放手，最后梁启超只好绝袖而去。回到上海后，同在《时务报》工作的康有为、章太炎发生冲突，康便派梁启超领头带着一帮人拳击章太炎。章太炎还了梁启超一个大嘴巴。此次事件后，孤立的章太炎只好离开上海暂退杭州。

1912年9月6日，孙中山在长陵城楼前与随员合影。前排左八孙中山、左十叶恭绰；二排右三王宠惠、右四张继

微 – 梁思成任教期间除了关心学生的学习，还很关心学生的生活，经常热心地给学生取名字。一位学生叫罗自福，常被人取笑为"罗斯福"，后

来梁思成给他改名为罗哲文。

微 -1937 年，梁思成到五台山佛光寺考察，从殿宇外形以及石经幢看出此寺是唐代建筑。为求更确实的证据，梁从附近村里借了高梯，端着脸盆，用刷子蘸水把几道横梁刷洗干净，终于见到了墨迹题记：“唐大中十一年重建”。

林徽因在测量佛光寺石幢的高度

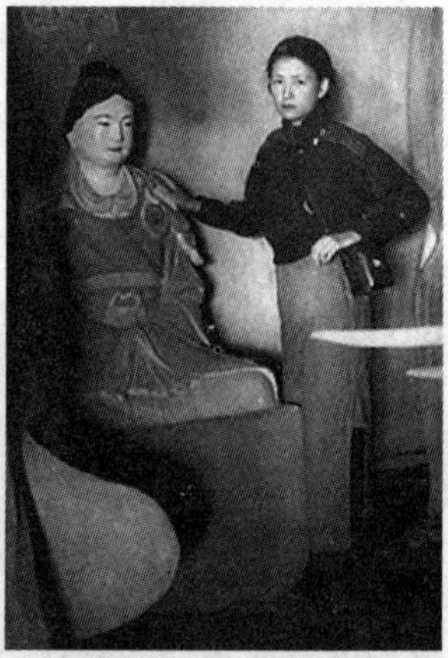

林徽因与佛殿塑像的合影

微 -1938 年 4 月，西南联大（北大、清华、南开）草创，校长梅贻琦请梁思成夫妇设计校园。梁思成夫妇在两个月的时间内，把设计方案更改了多次：高楼变成了矮楼，矮楼变成了平房，砖墙变成了土墙。几乎每改一稿，林徽因都要落一次泪。当他们交出最后一套设计方案时，建设长黄钰生告诉他们：除了图书馆的屋顶可以使用青瓦，其他建筑一律以茅草覆顶，希望梁思成再做一次调整。闻听此言，梁思成忍无可忍，冲入校长梅贻琦的办公室，把设计图砸在他的办公桌上，痛心地喊道："改！改！改！你还要我怎么改？"梅贻琦望着眼前这位激动的学者，呆呆地愣了半天，说不出话来。面对此景，梁思成喃喃自语道："茅草房？这不是每一个中国农民都会盖的吗？要我梁思成干什么啊……我……已经修改到第五稿了，从高楼到矮楼，从矮楼到平房，现在又要我去盖茅草房。茅草房就茅草房吧，你们知不知道农民盖一幢茅草房要多少木料？而你给的木料连盖一幢标准的茅草房都不够！"

1946年5月3日，西南联大中文系全体师生在教室前合影。二排左起：浦江清，朱自清，冯友兰，闻一多，唐兰，游国恩，罗庸，许骏斋，余冠英，王力，沈从文

微 –1944年夏天，盟军准备轰炸中国的日军占领区，盟军司令部请梁思成看看轰炸的时候要保护哪些古建筑。梁思成当即向司令部交了一张圈了红圈、有明确保护标记的图纸。随后，梁思成

又说，还有两个城市我也希望能够保护，但这两个城市不在中国。美国人当时感到奇怪，立即问他是哪两个城市。梁思成说是日本的京都和奈良。对梁思成的这一建议，盟军司令部没有当即做出反应。1945 年夏季，美、英等国在太平洋上集结了两百万军队，对日本进行持续轰炸。因为梁思成的嘱托，日本京都、奈良没有遭受轰炸，日本这两个有着众多古建筑的古城得以保存。日本人对这件事情非常感激，说梁思成是古都的恩人。

- 微 -

多子多孙未必就多福：袁世凯家族

民国初年，时人称袁世凯为“中国的拿破仑”“中国的华盛顿”“中国共和之父”。袁世凯其人，恰与三国时的曹操类似。此人智商之高，是很明显的。不可否认人的智商具有一定的遗传性。袁世凯一生有一妻九妾，生了十七个儿子、十五个女儿。其中长子袁克定，把他的聪明用在了鼓吹袁世凯恢复帝制方面；次子袁克文寄情诗画、京剧，一生活得远比他的哥哥潇洒；袁克文是所谓“大流氓”，他一生情妇很多，最多时，曾有七八十人之多……

52分钟前　　来自微历史　　转发(188) | 评论(25) 52分钟前

清代全家福

民国全家福

袁家众女眷

微 - 在袁氏家族最初的崛起中，郭氏（袁世凯曾祖母，淮宁富户郭如斑之女，三十六岁守寡）起了关键作用。郭氏嫁袁耀东后不久，公爹袁九芝一命呜呼了。袁家有人背地里嘀咕，认为是郭氏带来了霉运。郭氏哪里受过这种窝囊气，和当塾师的夫君一商量，决定搬出来另立门户。在郭氏含辛茹苦地操持下，几个儿子当官、做生意都很有起色，而且所有兄弟都是一门心思想着这个大家族。这个传统一直影响了几代人，直到袁世凯这一辈的早期，袁家子孙仍然像群星围绕太阳转似的，整个家族都以郭老太太为中心。

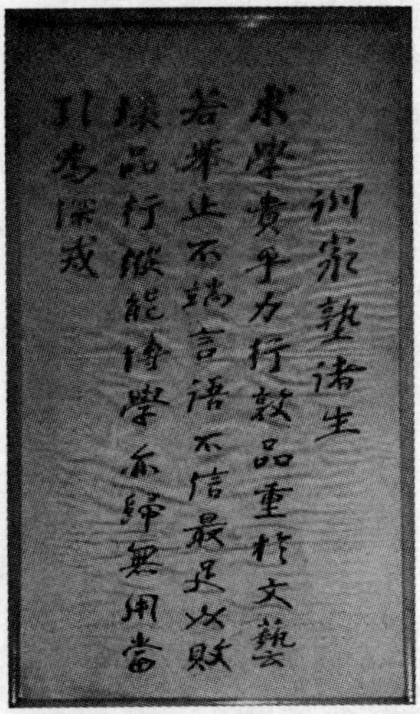

袁家的老家训：训家塾诸生

微 - 袁世凯七岁的时候就跟着嗣父袁保庆到济南、扬州、江南（治所在南京）等地生活。这使得袁世凯小时候就萌生了博大的心胸。史料记载，袁世凯幼年过目不忘，但不喜欢读死书，尤其喜欢拳脚功夫。有一次，袁世凯不小心从马背上摔下来，伤了脚踝骨，但怕父母知道，就自己偷着找了个野郎中医治，结果留下了残疾。

微 - 袁保庆见袁世凯志在兵戎，便不再强求他看书、写字。到南京后，袁保庆新娶了一房姨太太——金氏。金氏仗着新宠常与大夫人牛氏（袁世凯吃其奶长大）争风吃醋，使得袁保庆头疼不已。而刚十一二岁的袁世凯竟能居中调停，既不失牛大夫人的面子，又讨得金氏的欢心。两个女人往往看在袁世凯的分儿上，暂停无休止的“硝烟”。

微 – 同治十三年（1874年），十四岁的袁世凯与嗣母牛氏带着嗣父袁保庆的灵柩回到老家项城。几年后，袁世凯因分家获得一份丰厚的家产。此时袁世凯身边聚集了一大批文武学子，办起了“丽泽山房”与“勿欺山房”两个文社，史载：“（袁世凯）性任侠，喜为人鸣不平，慷慨好施予。”

微 – 跟随左宗棠西征途中，袁保恒（袁甲三长子，袁世凯堂叔）在陕西岐山得到了一尊价值连城的国宝——大盂鼎。左宗棠听说后，围着大盂鼎转了一圈又一圈，夸了一遍又一遍。袁保恒只好顺势将宝物让与左宗棠：“当初买这个宝贝，就想着送给大人的。”从此袁保恒深得左宗棠赏识。

微 – 袁世凯的三女儿袁静雪（袁叔祯）在《我的父亲袁世凯》一文中提到：“袁世凯倒台后，时常命家人上街买糊皮正香崩豆吃。”

袁甲三，袁家第一位进士

微 – 安徽怀远县农民胡文忠，听说袁甲三被撤职后，卖掉自己的女儿充当路费，徒步到北京去告状，请求都察院将袁甲三调回安徽。由于都察院未受理，他就怀揣着状纸上吊自杀了。

微 – 袁世凯的二姐袁让（嗣父袁保庆之女）是个有名的孝女。袁让十四岁时，母亲牛氏生病，为了给母亲治病，小袁让剁下一根手指煲汤。袁让未出嫁时，未婚夫（毛氏）就死了，她就与夫家的木主牌位拜天地，然后回到袁家终身守寡。在外拼搏的袁世凯经常往家里写信，一般都是写给二姐，问寒问暖，相当恭顺。袁世凯当上直隶总督后，曾对子女们说：“老家你们的二姑母真是不寻常，连我都得让她一头。”因此，袁家流传一句话：“四大人怕二姑奶奶。”

微 – 据说在袁世凯的老家项城，百十里外的流浪汉到了袁寨，只要在袁家祖坟上烧张纸，就能进寨有吃有住，帮袁家种地，在袁寨借居、打工的一度将近三百人。

微 – 袁世凯因其生母为父亲的继室，力言葬在祖坟，与生父袁保中同穴。可是在诸兄弟中唯一嫡出的老二袁世敦却认为继母原为父亲之妾，不得葬在正穴，只可附在祖坟的边缘。在官场中，袁世凯可说是叱咤风云、不可一世的大人物，但在封建家庭中，当家做主的却是嫡出的袁世敦。袁世凯与其争执了数次，但袁世敦性格固执，坚持当时的礼仪，对袁世凯并不买账，就是不答应，最终袁世凯只能另择墓地。

微 – 阮忠枢出身于淮军将领家庭，由于李鸿章的推荐进入新建陆军，成为袁世凯的重要智囊。阮与袁的相识可以说是缘分所致。袁世凯从上海到山东，身上一毛钱都没有。恰在这时遇到阮，两人相见恨晚。阮慷慨赠给袁一笔盘缠，助袁到青岛投奔吴长庆。袁发迹后，自然不会忘记这段恩情。

任山东巡抚时的袁世凯与母亲刘氏

微－袁世凯的继母牛氏经常患病。袁在朝鲜时每信必详细询问牛氏的饮食起居、吃啥药，并再三叮嘱老母加减衣服，多注意身体，不要太操劳。袁世凯还特意为牛氏找了两个偏方寄回。听说天津有个江湖术士可以治病，袁世凯千方托人让他开方。不过牛氏的病情还是没有好转，袁世凯心急如焚，几次向李鸿章请假回国，均未准。继母牛氏去世后，袁世凯把生母刘氏接到了朝鲜。刘氏喜欢吃水果、爱吸旱烟。袁世凯便经常托人从国内捎回水果和旱烟给老母。平时不忙的时候，袁世凯也经常陪着刘氏到花园中转转。

微－“壬午事变”后，袁世凯声名日盛，李鸿章奏调吴长庆率兵三营回国，任命记名提督吴兆有为三营统领；将袁世凯提拔到总理营务处，会办朝鲜防务。吴兆有比袁世凯官大，但是袁世凯总是凌驾于吴兆有之上，连朝鲜国王李熙和王妃闵氏都分不清他们究竟谁指挥谁，哪个人的官大。

微－慈禧过生日，各级官吏都搜珍选异，各出心裁。袁世凯时任直隶总督兼北洋大臣，独无所献，人皆啧啧称奇。某日，慈禧巡视寿礼，啧啧称赞一番，最后目睹四壁，沉吟无语，貌甚落寞。这时便有太监驰告袁世凯，袁略一沉思后便已明白，即搜集名画若干帧，盛饰以进。慈禧大喜道：“慰亭（袁世凯）实获我心，我正思此物，此物便来矣！”

微 – 袁世凯并不是个纨绔子弟，从同治十三年（1874 年）到光绪三年（1877 年），他正正经经地在北京读了四年书，很有长进。他自己说过，那几年，读书累到吐血都没考取一个举人，这是他一生最大的遗憾。

微 – 袁静雪（原名叔祯，袁世凯三女）印象中的袁世凯总是军人派头：黑呢制服，站或坐时腰背挺直；平常少有笑容；生气时骂“浑蛋”，气极了，“浑蛋加三级”；待部下很客气，但他们都很怕他。有人夸张地说，袁世凯坐在那里，眼中精光四射，像一只老虎。

爱穿军装的袁世凯

微 – 唐天喜原本是豫剧班的小旦，后被袁世凯看重，收为男宠。袁在朝鲜几经浮沉，唐都一直陪伴左右。袁世凯睡觉时，唐常挎着手枪彻夜巡防守候，被老袁视为知己。唐也就此发迹，任北洋陆军第三镇标统（袁的卫队长），连袁克定、袁克文见了他也要恭敬几分。

微－王闿运进京，见到总统袁世凯，呼之为“老弟”，袁世凯称王为“壬老”。王闿运很不高兴，对人说：“他竟然称叫我‘壬老’。他不知道他祖父端敏公甲三跟我是什么交情吗？不叫‘太世叔’却叫‘老’，真是不知礼数！”

袁世凯的大老婆于氏

微－袁世凯看到于氏穿着一条红色花缎子的裤子，便开玩笑说：“看你的打扮，很像个马班子（方言，妓女的意思）。”于氏大怒：“俺不是马班子，俺有姥姥家的。”从此夫妻反目，感情越来越淡。

大姨太金氏

微－1916年6月16日，袁世凯死后，众多妻妾中，仅有朝鲜籍三姨太金氏自杀，甘心殉节。金氏为袁世凯在朝鲜编练其国王亲军时，朝鲜国王很是赏识袁，就把自己的妹妹嫁给了袁。金氏本以为嫁给袁家为正室，谁知袁早已有了正室，最后连陪嫁丫鬟也跟自己并列为姨太太（金氏位于陪嫁李丫鬟之后，为三姨太）。金氏不高兴那是自然的，袁世凯为此也经常偏袒金氏。

微－接管新军后，袁世凯首先确定了募兵的标准：年龄二十到二十五岁，要能举一百公斤以上的重量，身高四尺八寸以上，步行时速超过十公里，并且要查三代情况。有吸鸦片史的不收，不老实、判刑的不收，身体不健康、五官不端正、视力不好的不收。

微－袁世凯的五夫人杨氏出生在天津，为中南海唯一一位女管家。四个女儿均就读于南开大学经济系。杨氏的大儿子袁克桓为江南南京水泥厂董事长，南京大屠杀时，其所在水泥厂曾掩护、救助了南京数万名市民。

五姨太杨氏

微－袁克文在朝鲜出生前，袁世凯梦见朝鲜国王送来一只用锁链系着、长着花斑的豹，它跳跃踉跄，忽然扭断锁链，直奔内室。所以袁世凯给袁克文取字豹岑，抱存、寒云都是后来袁克文的别署。

名票袁克文，字豹岑，别署寒云

微－徐抚辰，字绍五，湖北江夏人，以候补道员的身份混迹袁世凯的幕府中，担任主办洋务文案的小吏。袁世凯接到朝廷鼓励义和团的诏令后，立即通告全省各州府衙照办。徐抚辰听说后，立马跑到袁世凯跟前劝阻，徐指出：与八国联军开战，朝廷必败，希望袁世凯给自己留条后路。见袁没有理会自己，徐便收拾包裹，留下书信一封，辞职回家。袁世凯读了徐抚辰的信后，恍然大悟，急忙下令八百里加急，追回已经下发给各州县的诏令，同时请回归乡途中的徐抚辰。

微－袁世凯手下有个武弁（低级军官），打仗十分拼命，所以很受袁的赏识。一次行军途中，袁世凯发现该武弁身上掉下一块红绸巾，便追问是怎么回事，武弁支支吾吾不答话。第二天，有个朝鲜富绅来告状，说家里有个美妾遭人奸污，经指认凶手就是那个武弁。按照军法，袁准备杀掉这个武弁。行刑之前，老领导吴长庆也来求情，希望可以让他戴罪立功。袁世凯久久没有说话，突然起身跑向茅厕。等袁上完厕所回来，便向吴长庆请罪：“武弁已杀，大人宽恕。”吴长庆一脸无奈，只好转口夸奖袁世凯治军有方。

微－袁世凯深知练兵光靠单打独斗肯定不行，于是他首先想到了在翰林院任高官（编修）的老友徐世昌。徐虽然官阶很高，但他深知文官没有啥前途，更何况袁世凯曾经资助徐世昌进京赶考。接着袁世凯想到了老友荫昌。荫昌曾任天津北洋武备学堂总办。荫昌推荐了高足梁华殿和王士珍。可惜梁华殿到任后不久，在一次夜操时落水身亡。紧接着，武备学堂的冯国璋和段祺瑞也被收至麾下。王士珍、段祺瑞和冯国

一次秋操

璋分别得到“龙”“虎”“狗”的称号，人称“北洋三杰”。

微 – 宣统元年（1909年）八月，袁世凯虽被贬官回籍，但是生日前几天，洹上村还是来了不少北洋旧属。袁安排大家好吃好住，就是不提祝寿的事儿。生日那天，袁更是闭门装病。“辫帅”张勋见众人一个个如呆鸟般，便推开守门人闯进袁的卧室，连连打躬作揖。见有人带了头，北洋诸将一拥而上，硬是将袁从床上拉起来，端坐在太师椅上受了一拜。

微 – 袁世凯死后，被他囚禁多时的章太炎重获自由。章太炎却突然失去了对袁的憎恨，逢人便说袁的好处：“袁世凯也是个可人呢！当年我手指着他的鼻子骂他时，他居然视若无睹，无动于衷。现在的人，听见别人背后说他，便把人家恨得要死，谁还敢当面说他，更不要说是当面骂他了。”

微 – 袁世凯召见汪精卫时，对袁克定说：“共和功人有卤莽者，有激烈者，有粗疏者。如精卫之气度爽朗，功成不居，彼党中一人而已。”汪闻之，说：“袁项城忽悠我！”

袁世凯剪辫子

微 – 袁世凯让张勋剪辫子，张拒绝道：“不剪，辜鸿铭还留着辫子呢！”袁派人让辜鸿铭剪，老辜说：“张勋剪我就剪。”袁遂让二人一起剪，二人同时拒绝，宁死不剪！

微 – 袁世凯的大将杨以德原来是戏园子里检票的，后来投奔袁世凯创办的巡警部队。袁在直隶总督任内，天津出了一件轰动一时的江洋大盗连环案，许久破不了案。后来，杨以德花了好几个月的时间混迹市井酒楼茶肆，竟然根据蛛丝马迹寻访到了这个江洋大盗；不仅抓住了他，而且居然说服他反正，成为警察的“业务指导”。袁世凯从唐绍仪处听到这一趣闻，对杨以德刮目相看，马上破格提拔了他，以后又连连将他升职。

微 – 晚清是自战国以来最盛产刺客的时代，著名的刺杀事件如史坚如（地道炸弹）刺两广总督德寿、万福华刺广西巡抚王之春、王汉刺铁良、吴樾（人体炸弹，生前写过《暗杀时代》）刺五大臣、徐锡麟刺安徽巡抚恩铭、汪精卫刺摄政王载沣、温生才刺广州将军孚琦、林冠慈刺广东水师提督李准、李沛基刺广州将军凤山、严伯勋等刺袁世凯、彭家珍刺良弼等。袁世凯的手下搞过暗杀，孙中山、陈其美、黄兴、蒋介石的手下也都搞过暗杀。

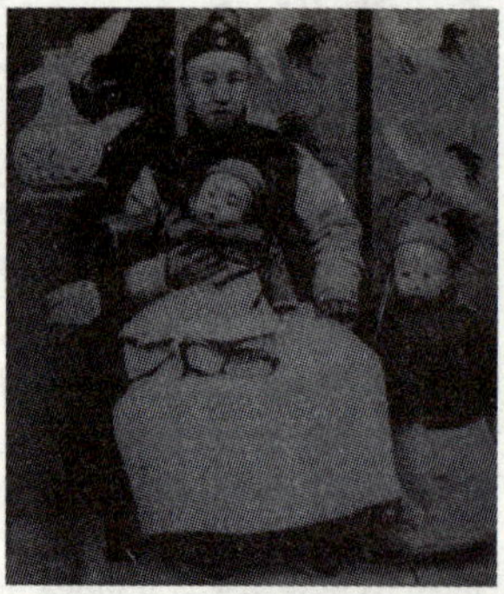

载沣怀中抱的是幼子溥杰，旁边站着的即是后来登基的末代皇帝溥仪

微 – 袁世凯命赵秉钧搞逼宫将隆裕太后赶出皇宫。赵秉钧与隆裕太后一起痛哭流涕。后来，有人问他：“大哥，今天的戏唱得如何？”赵秉钧板着脸说：“难过，难过，这种戏不是人唱的！”

微 – 袁家诚（袁世凯十子袁克坚之子）在与家人聚

会时也说："我就是想不通，他为什么一定要当皇帝呢？"

微 – 袁世凯称帝后，封黎元洪为"武义亲王"，民间牛人也来凑热闹，歌女晚香玉自称"晚艳亲王"，京戏女红人刘喜奎被人称为"武艳亲王"，京戏小角儿张文艳自号"文艳亲王"。

十子袁克坚，袁世凯死后，徐世昌女悔婚，袁克坚后娶陕西督军陆建章之女陆毓秀

微 – 袁世凯的盟友徐世昌回忆说：小时候如果有三份食物，就想得到其中的两份。母亲当即训斥我："现在就这个样子，长大后还得了？！"宁可把食物丢掉也不愿意让我吃。等再长大一些，每当交了新朋友，母亲都要观察这个人人品如何。如果真个有才干且人品好，母亲必定会盛情款待他，不然就会拒绝我们交往。邻居见我们娘儿俩孤苦伶仃的，就劝我们去投靠一个当县令的亲戚，母亲回答说："托人照顾，就不会知道艰苦的滋味，哪还有刻苦振兴的心态呢？"族人均感叹："您这样苦心持家教子，相信孩子日后一定会飞黄腾达，真是我们家族的功臣！"

微 – 李国杰（李鸿章嫡孙）回国后，袁世凯正谋大总统之位。李对袁说："我要进宫给隆裕太后和皇帝陛下请安，你看行吗？"老袁说："太行啦，别人不行，你还不行吗？"李遂进宫见隆裕，伏地哭道："念及先臣鸿章，引用非人，以致如此，不知涕泪之何从也。"话中有责袁之意。出宫后徐世昌对他说："你要不是李鸿章的嫡孙，老袁早就把你灭了，你还能在这儿骂老袁？”

微 - 袁世凯的第七个儿子袁克齐回忆父亲的弥留之际时说：“记得我父亲死的那一天，曾把我大哥叫到里屋去，我们在外屋听见我父亲说：‘这个事我做错了，你以后不要再上那几个人的当。’过了半小时，他就死了。”

微 - 袁家人曾这样评点袁世凯的儿子们：长子克定最有权，次子克文最有才，五子克权最超脱，六子克桓最有钱。

微 - 袁世凯曾对五子袁克权说：“你大哥是个拐子，你二哥成天和一些清客鬼混。你们哪里见过天下有拐皇帝、书呆子皇帝呢！”

迁出中南海的五姨太和六子袁克桓、八子袁克轸在自家门口

微 - 干瘦、矮小，穿一身长袍，戴一小瓜皮帽，拄着拐杖，走路一高一低，瘸得很厉害，脾气有

点儿怪——这是袁克定留给后人的印象。

微 – 袁克定仗着袁世凯长子的身份，常以大皇子自称，并命手下人称自己为“大皇子殿下”。这还嫌不爽，他又私刻一印，上书“大皇子印”，到处用此印忽悠人，买东西也不给人家钱，只给人家盖个印，上妓院也只给人盖个印。于是，京城各大妓院便盖满了“大皇子印”。

微 – 周馥年长袁世凯近二十岁，两人也结成了亲家。周馥虽然只有监生的功名，却做到巡抚的位置。周馥先是投靠到曾国藩门下，没有啥发展，就选择回家休息。周馥听说李鸿章重视人才，就搬了张桌子在李鸿章的办公地点外，免费为士兵写信和对联。李鸿章听说后，一看这人的字写得真好，就留下了，后提拔为主要幕僚。也正是在李的幕府中，周馥结识了袁保恒、袁保龄（袁世凯堂叔）。甲午战争爆发后，李鸿章命令周馥率军开赴前线，袁世凯协助。也正是这个机缘，在袁世凯任山东巡抚时，袁与周馥结为儿女亲家。两人一起修铁路、办学堂、建自来水公司，官职和家族均跟着越来越好。周家第二代周学熙为“北方工业”巨子，第四代周一良、周绍良为著名学者，等等。

微 – 袁克文三十四岁时就当了爷爷，有名分的妾有五位，没有名分的前后大约七八十位。据袁家亲戚回忆：“他很少住在家里，不是住旅馆，就是住‘班子’，有时候连最低级的‘老妈堂’

他也同样去住。有时候他回到家里，姨奶奶总忍不住要和他吵。他既不回嘴，也不辩解，只是哈哈地大笑起来，笑完了，扬长而去，继续过他那荒唐的生活。”

袁克文、刘梅真夫妇

微－袁克文曾在《晶报》上开辟专栏，以《说邮》为题，专门刊载他的集邮心得和体会。张宗昌知道后，很生气：你袁克文竟然拿着我的钱玩儿这个。于是，张贴了一张通缉令，缉拿邮票大王。袁克文只好廉价抛售手中邮票，然后逃跑了。

微－袁世凯死后，袁克文分到的那份遗产外加一万银元很快用尽，仅 1918 年一次上海之行，据说就挥霍大洋六十万。不得已，他开始鬻文卖字。袁静雪这样说：“他所写的字，只要送出去便可换钱。但是，如果他手上有十块钱，他也是不肯写的。”

微－袁克文死在天津两宜里。猩红热刚退烧，他就跑到长期包租的国民饭店四号房间，召了个妓女小阿五来，回家后又发起高烧，两天后就死了。

刘梅真

微 – 袁克定到天津给袁克文吊唁，袁静雪记恨他唆使父亲称帝，支走众家眷，令帮里兄妹摆开阵势，要教训一下大哥。她随身带着袖珍手枪，幸亏刘梅真赶到，灵堂才没成战场。

微 – 袁世凯死后，袁克文长住上海，入了青帮，当上“老头子”，是当时唯一的“大”字辈。袁静雪还曾偷看过他开香堂的场面。后来她成了红帮老大，所收徒弟多是舞厅、妓院的女老板或老板娘。

微 – 袁克度（袁世凯十二子）留学美国时学的是化学。抗日战争爆发后，天津租界法国香水奇缺。袁克度从嫂嫂——交际花张美生那里听说后，就回到家中研发，没几天，“汤姆·袁”香水问世，跟法国香水没有什么差别。袁克度故意把价格标得很高，并且销售二十三瓶后，就停止生产，这更让租界的外国公使、富豪的太太们对其仰慕不已。

十二子袁克度，留学美国，攻化学，英语很好，会制作法国香水，发明过一种奇特而简便的复印技术，1976 年去世

微 – 袁克安（袁世凯十一子）留学美国十年，自己给自己取了个名字叫“亨利·袁”。他的第一个老婆是天津大盐商李士铭的女儿李宝慧。李宝慧去世后，袁克安开始追求天津洋场一枝花张美生。张美生追求者众多，袁克安竟然独占花魁，抱得美人归。

微 – 袁世凯担任直隶总督后，以每个月一百大洋的高薪聘请方地山（民国“联圣”）、严修（南开大学的校董）等人教导袁家子弟。方地山自称“寡人好色”“男女多于饮食”，对于底层女子尤其照顾。对于求联语的妓女，均是来者不拒。求到对联的妓女，往往身价会剧增，于是老方门前总是熙熙攘攘。而方地山在袁世凯面前却一直不卑不亢，使得袁世凯决定请他做家庭教师，两人见面互相调侃如老朋友一般。方地山的学生袁克文，风流倜傥、玩世不恭却是得到了真传。而且袁克文和方地山还成了亲家，袁家长子袁家嘏迎娶了方家四女方庆根。

微 –20 世纪 30 年代，袁克定坐吃山空，仅靠一个忠实的老仆人到市场上捡点儿白菜帮子，吃窝头果腹。即使这样，每次仆人端上饭菜，袁克定仍然戴好餐巾，用西洋刀叉来吃窝头，伴以咸菜吃下。

微 – 袁世凯的大哥袁世昌一生在家务农。袁世凯在朝鲜任职时，袁世昌听说弟弟在朝鲜当了大官，就买了张车票，先到天津，然后到朝鲜问袁世凯要钱一千八百元。这可不是个小数目，袁世凯问大哥做什么用，袁世昌说娶儿媳妇用。袁世凯一听火了，袁世昌的儿子才六七岁。见袁世凯不理睬自己，袁世昌大怒，情急之下，推了袁世凯一把。袁世凯练过武术，顺势还了一巴掌，却把大哥袁世昌推倒在地。袁世昌回到老家，大骂袁世凯忘恩负义。袁世凯的二姐袁让写信询问袁世凯怎么回事，袁世凯费了老大劲儿才解释清楚。

微 - 袁世昌（袁世凯大哥）的儿子袁克明从小爱好武术，曾拜衡阳龙佐才为师学习剑术。袁世凯称帝后，袁克明感觉自己要发达了。就学当年父亲一样千里迢迢赶到北京投奔。先是住在老表张伯驹家中，等待叔叔袁世凯的官帽。可惜不久袁世凯退位，袁克明只好又回到老家项城，再也没有离开老家。

微 - 袁克文的长子袁家嘏娶了方地山的四女方庆根。聘礼就是袁克文的一枚绝世稀珍的古钱。结婚当天，夫妻双方互相拜了拜就进了洞房，这种场合自然少不了方地山的联语：“两小无猜，一个古钱先下定；万方多难，三杯淡酒便成婚。”

方地山（1872—1936），扬州人。被袁世凯聘为家庭教师，袁世凯次子袁克文跟他学诗作文。有“近代联圣”之称

-微-

从总统到总经理：黎元洪家族

传说“黎元洪本姓洪，不姓黎。其祖父原系太平天国要员，黎元洪的名字隐含有原系姓洪之意”。作为政治家，他旗帜鲜明地反对袁世凯的帝制；作为军事家，他打造了近代中国与北洋军齐名的“南洋军”的品牌；作为实业家，他先后投资 45 个企业，其中银行 17 家，工厂 12 个、煤矿 6 家；他对子女的教育特别重视，他的子女大都有海外留学的经历，黎绍芬还是 1919 年成立的南开大学的第一届学生、周恩来的同学。

52分钟前　来自微历史　转发(188) | 评论(25) 52分钟前

微 –1864 年，黎元洪的父亲黎朝相在外当兵，黎元洪的母亲陈氏怀着黎元洪在家艰难度日。迫于生计，陈氏逃难到木兰山脚下的东场畈，避居在村旁的寺庙中，后于农历十月十九日生下一子，取名元洪。这一天正是观音菩萨的生日，乡民便称黎元洪为“黎菩萨”。

湖北新军第二十一混成协统领黎元洪

微 – 武昌起义后，黎元洪被推举为军政府都督，13 日晚，黎元洪主持了革命党人的会议，发表了就职后的首次演讲：“今日革命军起义，是推翻清朝、恢复汉土、废除专制、建立共和的开始。承党人及军、学界多数同志推戴兄弟为都督，我无德无学，何能担此大任。但众意难辞，自应受命……”

微 –“政治宝贝”沈佩贞刚出道时首先拿下的是黎元洪。一个是刚刚被武昌起义推出的领袖，一个是美貌时尚的新女性，两人很快发生关系。但不久被黎的小妾危文绣发觉，直闹得黎把沈赶出武汉，带着满腹委屈跑到京城，加入早年“北漂”一族。

微 – 黎元洪的大夫人吴敬君原是黎家的童养媳。十三岁那年，一场顽疾搞得黎元洪奄奄一息。在天津北塘军营任“把总”的黎元洪之父黎朝相按照巫婆的吩咐，紧急操办黎元洪与吴敬君的婚事，奇怪的是黎元洪的病竟好转了。

微 – 黎元洪的小妾危文绣小时候因卖身葬父，被人骗到了汉口烟花巷内。她凭借美貌与歌喉，一跃成为汉口红得发紫的风尘女子，但是危出淤泥而不染，卖艺不卖身。1905年，铁良视察湖北练兵情况，在黎元洪的安排下，铁大加赞赏。张之洞对于爱将黎元洪很满意，便破例让黎陪铁良喝花酒。黎因此结识危文绣，并把她娶回家。

微 -1912年，武汉有个开化女子吴淑卿，上书请黎招收女兵。黎开始以军队不招女兵为由拒绝。可是吴一点儿都不气馁，不停地上书，最终黎只得答应招女兵一队，由吴担任女子北伐队队长。不久吴又与陆国香发起成立女子师范学校，黎亦拨银千两资助。吴也当上了该校校长，因校事常来见黎。来来往往，危文绣看在眼里，恨在心头，竟假借黎都督的名义撤销了吴的校长职务。

1912年孙中山在武昌与黎元洪合影

微 - 黎元洪对危文绣十分信任，黎被袁世凯囚禁在北京瀛台时，随侍的只有危文绣一人。危爱吃洪山菜薹，袁世凯便命京汉铁路局用火车按时运送。1923年，曹锟发动政变逼迫黎元洪下台，黎在去天津之前，便将总统大印托付给了危文绣，让她躲进东交民巷法国医院。曹锟派人拦截了黎的专车，黎才被迫将印信交出。

微 -1916年年底，亲日派曹汝霖被任命为赴日赠勋专使后，曾赴总统府说明使命，黎元洪留曹汝霖共进晚餐。饭后，曹汝霖将他的“改善”中日关系的卖国方案向黎元洪兜售。黎元洪怒不可遏，不待曹汝霖把话说完，就拍桌叱喝说：“你到日本预备卖国，你们这样卖国，还要我随同卖国，这种毫无心肝的人，我不能让你到日本去！”

微－大总统黎元洪视察陆军检阅使署，检阅时冯玉祥诉苦：军队生活实在是太艰苦了，军士每天吃的都是小米饭，希望多给些粮饷。黎总统答：小米最富营养价值，多吃头脑清楚，我很爱吃。

中华民国总统黎元洪正在试用一台即将在演讲上使用的电子管收发信机

微－因为独身主义的缘故，黎元洪的大女儿黎绍芬三十二岁时才与天津世家子弟徐璧文结婚。黎元洪在世时比较看好薛福成（曾国藩智囊，晚清著名外交家）之孙薛学海，怎奈薛学海嫌弃黎绍芬太过西化，所以娶了袁世凯的女儿袁仲祯。

微 –1920年，黎元洪送长子黎绍基去日本贵族学校求学，同行的还有张之洞的十一子张燕卿。1923年，黎绍基回国就读于南开大学政治系。1925年，正上大二的黎绍基听说发生了“五卅惨案”，便参加了学校的后援会，并担任了募捐组组长。黎元洪很赞同儿子的行为，不仅慷慨解囊，还呼吁顾维钧等社会名流给黎绍基募捐。黎元洪去世后，黎绍基承接了黎元洪投资的实业公司的股份，担任中兴煤矿董事等职。后日本占领该矿，黎绍基拒绝与日方合作。

微 – 黎元洪归隐天津后，危文绣便结识了某绸缎庄的伙计王某，两人眉来眼去。待黎元洪去世后，危文绣更加肆无忌惮地与王某往来，甚至拿出自己的积蓄跟王某合伙开了一家绸缎庄。至1934年，危文绣在与王某长期同居后，公然与其登记结婚，并在青岛举行盛大婚礼。时任青岛代市长的沈鸿烈乃是黎元洪的旧部，感到危文绣的举动过于放肆，有辱总统的尊严，遂下令将他们逐出青岛，查封绸缎庄。

微 – 危文绣被赶出青岛后，于1935年2月只身南下，打算在杭州西子湖畔觅一禅庵了此残生。此时恰逢六十六岁的名流熊希龄续弦三十五岁少妇，社会舆论一片称许。危文绣有感男女不平等，便改编了熊氏续弦新闻，寄送给《申报》。这招还挺受用，不但引起了《申报》的同情和

支持，更是引发了上海舆论对于男女不平等这一社会问题的关注和讨论。时人孙黻章曾投书《申报》：

黎本危（危文绣）再嫁王葵轩，新故交谪，逐出青岛；

熊希龄续娶毛颜文，宾客趋贺，欢腾歇浦。

经此风波以后，大总统宠妾危文绣不知去向。

- 微 -

想当和尚的总理：段祺瑞家族

段祺瑞被称为北洋“段虎”，逼溥仪退位、讨伐张勋复辟、抵制袁世凯称帝，人们又送其“三造共和”之美誉。其像个和尚一样不抽、不喝、不嫖、不赌、不贪、不占，人称“六不总理”；他讨了几房姨太太。当第四位姨太太进门时愁眉不展，原来了她已经有了意中人，段像嫁女儿一样，成全她和意中人的婚事。段祺瑞对长子段宏业寄予了很大的希望，但这位段公子整天不务正业，他先后娶了九个老婆，除了造就了一个大家庭外，一事无成。

52分钟前　　来自微历史　　转发(188) | 评论(25) 52分钟前

微－清道光年间，段祺瑞曾祖父段友杰迁居于六安太平集迤北三里，与大潜山北的刘铭传家相距不远，因而段祺瑞祖父段佩早年与刘铭传是贩私盐的伙伴及好友；咸丰年间同办团练打太平军，也常与富户和官府作对。段佩后与刘铭传、张树声、周盛波、唐殿奎、吴长庆等所属的团练编入淮军，官至记名总兵。

微－段祺瑞八岁时，就被望孙成龙心切的段佩接到江苏宿迁自己驻防的兵营中，小小年纪的段祺瑞从此开始了他最初耳濡目染的“军旅生涯”。

微－段祺瑞家的仆人邢宝斋，经常向人提起段祺瑞父亲在军中当管带时的事情，说当时段祺瑞整天鼻涕邋遢的，一点儿也不起眼。邢宝斋提醒段祺瑞几次后，段祺瑞仍是我行我素，邢宝斋气愤之下，便说：“你这个鸟样！”

微－1879年，段祺瑞祖父段佩去世，这年段祺瑞十五岁。段祺瑞返回家中读了一年多的私塾，由于经济贫困而中断。1882年，十七岁的段祺瑞只身步行两千多里路投靠山东威海卫的堂叔段从德，当了一名书记员。

微－1888年冬，李鸿章奏请清政府派遣五名留学生赴德留学。第二批赴德留学的武备学生名单在历经一道道严格的遴选之后，最终呈送到李鸿章手中。据说，这位合肥籍的清之重臣看到名单上竟有三名是山东籍，而安徽籍只有两人时，心中十分不悦，遂大笔一挥，勾掉一个山东籍学生，又把当年视察武备学堂时发现的人才——合肥小老乡段祺瑞的名字写到名单之首。段祺瑞这个在旧式军营中长大的统领的孙子，终于可以以第一名的资格，去接受西方军事教育，呼吸海外的空气。

微 - “北洋之虎”段祺瑞一生坚持“不抽、不喝、不嫖、不赌、不贪、不占”，故有“六不总理”的美称。段祺瑞的第四位姨太太不但长得漂亮，而且知书达理，所以深得段祺瑞的喜爱。但是得知四姨太有了心上人后，段祺瑞吩咐老婆置办嫁妆，吹吹打打、风风光光地把四姨太像嫁女儿一样“嫁”了出去。

微 - 段祺瑞一生都是租房居住，即使在北京身居高位时，段祺瑞也是住在袁世凯赠送的房子里。这房子本来是袁世凯打麻将赢来的，但是没有拿到房契。待袁世凯死后，房子的主人拿着房契去找老段要房子。段祺瑞二话没说，就举家搬出了房子。之后到天津、上海，段祺瑞也一直是租房住。

微 - 段祺瑞曾向日本大量借款。借款的时候，段祺瑞根本没有考虑过还钱的事。他曾多次在家里说：“咱们对日本，也就是利用一时。这些借款，谁打算还他呀！到时候，一瞪眼完了。”

微 - 直皖战争之前，段祺瑞计划在北京东直门内修建一所公馆（当时南门仓有块空地），结束租房的生活。“六不”总理平时积累不多，于是他的门生、部下就给他凑钱赞助。据说是营以上每人一二百元，一共凑了四十万元的建房款。为了节省开支，段祺瑞决定自己动手开窑烧砖，请人设计。建成后的公馆前后有四个大院子，还有若干跨院。不幸的是，这所漂亮的宅子盖成后，段祺瑞还没来得及搬进去就发生了直皖战争。失败后的段祺瑞只好去天津租界重新过起租房的生活。

微 –1925 年 3 月 12 日，孙中山先生与世长辞。4 月 2 日为国葬之日，段祺瑞已准备好前往主祭，就要动身时，突然改变了主意，改为派代表前往。段祺瑞的说辞很有趣，说这种场合要穿礼服，而他的脚肿不能穿靴子。北京当时一家报纸曾用讽刺的笔调写道：偌大的北京城，段祺瑞就找不到一双合适的靴子？

微 – 袁世凯在清末“奉旨养疴”时，曾将价值三十万元的府学胡同慷慨地赠给了段祺瑞。段在这里开了个侧门，与陆军部军需司的走廊相通，经常由此门出入。自统率办事处成立后，段祺瑞就消极怠工，经常不上班，一切交由亲信徐树铮代行。袁世凯视察工作后抱怨：“咱们北洋团体还成什么样子，华甫（冯国璋）每天睡到 12 点以后才起床，芝泉（段祺瑞）老不到部办公！”

微 – 冯国璋虽与段祺瑞、王士珍并列为“北洋三杰”，但段祺瑞却一直看不上冯国璋。段祺瑞的父亲在军中当营长，冯家老爷子可是贫农。再加上段祺瑞曾留学德国，而冯国璋则是保定莲池书院肄业，所以，段祺瑞经常在冯国璋面前显摆德国有多好。冯国璋老婆去世后，袁世凯把周道如（袁世凯极其推崇的家庭教师）嫁给了他，冯国璋故意到段祺瑞面前显摆，段祺瑞却不屑地说：“又不是德国妞，你高兴个啥劲儿。”

微 – 晚清到民国初，合肥一带围棋颇为兴旺。段祺瑞祖父的朋友、合肥人、台湾巡抚刘铭传是清代官僚中屈指可数的围棋高手，他的棋谱流传至今；与段氏同时代的围棋名手张乐山也是合肥人；而合肥望族李氏（李鸿章一族）门中更不乏围棋好手，如李子干、李戚如在光绪、宣统年间均有弈名。他们常邀各地名手至合肥交流，并在合肥组织棋社，结纳棋友。段少年时在弈风甚盛的环境中长大，后来又为李鸿章所赏识而出国学军事，与围棋结缘也就不足为奇了。

微 – 段祺瑞的儿子段宏业非常不争气，段祺瑞经常打骂他。一次，因为一些事端，段祺瑞又和段宏业生气了。段祺瑞数落儿子时，越说越生气，竟然叫来勤务兵，命令暴打儿子一百军棍，任凭儿子和其他人怎么求情也无济于事。最终段宏业被打了一百军棍，打得他爬不起来，为此卧床休息了好几个月。但是，棍棒教育也没有

使这位公子哥有什么出息，他仍然不务正业，是吃喝玩乐的行家。他先后娶了九个老婆，除了造就了一个大家庭，一事无成。

台球高手段祺瑞

微 - 段祺瑞非常喜欢下围棋，可以说到了着迷的程度。为了找人陪他下棋，他甚至花钱雇来一些棋手。最早来的是个乡下老头，叫“来顺”，每天陪段下棋，段祺瑞每月给他三四十块钱。后来段的棋艺长进了，就不大喜欢和来顺下了，就另外请来一些高手。这些棋手相互介绍，越来越多，每天必到，与段祺瑞对弈。当然，这些棋手是“醉翁之意不在酒”，此时并非对与段下棋感兴趣，主要还是为了每月从段那里领回八十元至一百元的薪水。

微 - 段昌世留学英国时，被假称爷爷身体不好的电报骗回，发现是爷爷为自己定了一门亲事，就定在段昌世回家的这一天让他成亲，新娘是段祺瑞的忠诚盟友龚新湛的四女儿。段昌世心中不悦，但仍遵命与龚四小姐成婚。婚后，为排解心中的郁闷，段昌世向爷爷提出自己想到日本去留学。当时龚四小姐也在场，插嘴说她也和丈夫一起去，段祺瑞当场答应。回到自己的房间，段昌世大发雷霆，说自己去日本留学就是为了躲开她。龚四小姐哭哭啼啼，说什么也要和丈夫一起去，最终两人一起赴东瀛。不过在日本，两人的感情仍未好转，段昌世又娶了个日本妻子。

段昌世与媳妇山崎光子及子女

微 – 段宏业的小女儿（即段祺瑞最小的孙女）叫段惠敏，1938 年生于天津。在天津上小学时，一次历史课上，当老师讲到五四运动时，提到了当时的一些卖国贼。下课后，知道她是段祺瑞孙女的一些同学笑话她是“卖国贼”的后代，使她受到很大刺激。回家以后，段惠敏和母亲又哭又闹，觉得自己的家庭对国家造成了损害，说什么也不愿意再到学校去读书了。

微 – 李鸿章长孙李国杰（段祺瑞的大女儿段式萱嫁给了李鸿章六弟李昭庆的孙子李国源），时任招商局董事，派人杀死了国民政府专员赵铁桥，因而被判刑入狱。此时恰巧蒋介石邀请闲居天津的段祺瑞南下上海。在浦口火车站，面对亲自来迎的蒋介石，段提起了李国杰的事情，他说："国杰的事，就看在中堂大人（李鸿章）的面子上，算了吧。"蒋介石先是一愣，最终还是点头允诺。几天后，神通广大的李国杰被放了出来。不过，抗战爆发后，李国杰最终还是倒在了军统的枪口下。这时段祺瑞已经去世三年了，再也没有能力保护他了。

微－段祺瑞在公馆里一向是单吃小灶，不和家人一同进餐。念佛后他开始吃素，家里人仍旧吃荤，互不干扰。在段请客的时候，他也用荤席，只不过为他专备两三样素菜。他平时最爱吃南方的豆豉，吃素以后，豆豉更成了每餐不可缺少的美味佳肴了。段祺瑞专养了几只母鸡，但没养公鸡，据说这样母鸡下的蛋是"素蛋"，他就专吃这种"素鸡蛋"。

与中日密教研究会代理总裁（左三）、王揖唐（右一）合影

微 -1913年，段祺瑞及其家族斥巨资兴建了石家庄一带规模最大的德式建筑群——段家楼，包括总办大楼、小姐楼、三座公子楼、德国工程师可里喀专用办公大楼、小偏楼以及十座德式煤矿工程师院和高级职员住宅区。

段家验膳房

段家楼群中的总理办公室

段家楼是集楼阁亭榭为一体的园林式建筑

掩映在绿树丛中的段家小姐楼

微 -段祺瑞下台后，为了节省开支亲自当起了管家。段祺瑞不但把家搬到房租比较便宜的地方，而且连一点儿小爱好——麻将也不打了，一日三餐主要以米粥、馒头、素菜为主。不但家中的老妈子压缩了人数，就连姨太太也被遣返一部分回合肥老家，以减少开支。即使这样，家中也常出现揭不开锅的情况，幸亏部下都还想着老领导，才不至于举家迁回合肥老家。

微 -1885年，李鸿章建立中国近代第一所培养陆军人才的军事院校——天津北洋武备军堂。同年，段祺瑞作为第一批学员从山东考入该学堂炮兵科。冯国璋、曹锟、段祺瑞等人就是从这里开始了他们的叱咤风云之路。另外，这里毕业的李纯、陈光远、王占元分任苏、赣、鄂长江三督，田中玉当上山东督军，而吴佩孚则成为直系首脑。

1890年，段祺瑞在德国埃森和梅彭学习的情景。与段共同赴德其余四人是吴鼎元（后任新军第五镇统制）、商德全（后任清河陆军中学校长、天津镇守使）、滕毓藻（武备校友）、孔庆塘（后任云南临元镇总兵）

微 - 段祺瑞在遗嘱中向政府提出“八勿”：勿因我见而轻起政争；勿尚空谈而不顾实践；勿兴不急之务而滥用民财；勿信过激言行之说而自摇邦本；讲外交者，勿忘巩固国防；司教育者，勿忘保存国粹；治家者，勿弃国有之礼教；求学者，勿骛时尚之纷华。

- 微 -

老子英雄儿好色：张作霖家族

张作霖出身贫寒，十几岁就出来做木匠、兽医、土匪的行当，至后来，张作霖与儿子张学良两代“东北王”享誉民国数十年，但张家人却在历史的飘摇中，经历了逃难、隐姓埋名、家族离散、困苦求生，着实令人感叹。

52分钟前　　来自微历史　　转发(188) | 评论(25) 52分钟前

张作霖与儿女们

微 – 张作霖的父亲张有财的名字是张作霖的祖父张发取的。张发希望自己的儿子能够继承祖业，发家致富。没想到的是，张有财嗜赌成性，不务正业，不但将仅有的一点儿家产败光，还背负上沉重的债务。为此，他的发妻和长女先后辞别人世。后来，张有财又娶了王氏为妻，她就是张作霖的生母。王氏生了三个儿子，长子张作泰因勾引邻居的小媳妇儿，最终被父亲张有财误伤致死，次子张作孚和张作霖一起剿匪时被匪徒打死。后来叱咤民国政坛的张作霖就是张有财的第三子。

微 – 张作霖出生时，父亲张有财还在赌桌上拼命。身为父亲的张有财并没有因为自己已经是三个儿子的父亲而自觉承担起养家糊口的责任，他依然到处游荡，在赌场流连。最终，这个二流子在和同村无赖王小二的争斗中被打死。

微 – 十三岁的张作霖在得知父亲丧命的噩耗后，便急忙和一位堂兄去几里外为其收尸。因为家里太穷，无力为父亲购置棺木，最终张作霖找到一个半大不小的柜子，将父亲的尸体放在里面，准备运回家。但由于两人都是未成年的孩子，抬不动那个柜子，最终只能用绳子拖着柜子往家走。后来两人实在拖不动了，只能在半路找个地方将尸体掩埋了。因为是冬天，天寒地冻，埋得并不深，准备第二年春天解冻后再妥善安葬。第二年的春天来得很早，雨水也比较多，那个柜子又恰好在河床上，所以顺水下移了几里。张家将柜子找到的时候，柜子已深陷在河泥里，只好就这样安葬了。

微 – 张有财活着的时候，曾对儿子张作霖说：“做赌徒可以发财，做无赖可以多娶姨太太。”十二岁的张作霖问这个游手好闲的父亲，是不是做土匪也可以？张有财告诉他，做土匪比做无赖强。

微 – 因为小时候就跟随着父亲出入赌场，因此长大后的张作霖就自然而然地喜欢上了赌博。起初，他把自己卖包子挣的钱都输光了。后来，因为嫌拉锯累，他拒绝了母亲让他去学木匠的要求。最终，他开始到处流浪，以乞讨为生。当流浪到营口高坎镇后，他就在一家大车店做杂工。有时他还用草药给骡马治病，竟然真就治好了，一来二去他竟然成了兽医。

微－成了兽医后，张作霖经常帮各路过往土匪的马匹治病，加上他本人性情刚烈，最终他成为村里富户的心腹之患。由于被乡绅李老恒诬告“通匪”，最终张作霖和哥哥张作孚蒙冤入狱。最后因为没有证据，官府不得不将二人释放。可谁能想到，这个曾被人诬陷“通匪”的张作霖，在十几年后成了地地道道的匪首——奉天督军。

微－发迹后的张作霖想给父亲迁坟，于是专门从沈阳请来高人查勘风水宝地。结果这位高人在查勘了张有财的落葬之地后，劝张作霖不要迁坟了，并说张有财的埋葬之地在方圆几里内，就是风水最好的。后来，张作霖为自己的父亲进行了厚葬。他大宴全村的人，而且诚心请回与自己父亲的死有关的那两个老赌友。这对兄弟自从得知张作霖发迹后，一直躲藏在外地，不敢回乡。

微－张作霖将自己当年落草为寇的事情看作不光彩的历史，最不想被人说起。因此，别人是不敢在他面前提到“胡子”二字的。即便是他后来主动接受清朝的招安，成为清军的中级军官，最后成为“关外练兵大臣”，但这一点仍是他的痛处。为此，他在众人面前吹嘘自己，并解释自己当初投身绿林有不得已的苦衷，而且声称自己即使是做“胡子”，也是一个对社会有巨大贡献的“好胡子”。

微 –1900 年，在岳父赵占元和乡绅李龙石的支持下，张作霖成立了一支保险队。这个保险队又被称为“大团”或“联庄会”。此后，他积极壮大自己的力量，不惜用尽各种手段。他首先将张作相和张景惠拉拢到自己身边，并与他们结为兄弟，对外称张景惠为“大哥”，称张作相为“三弟”，这两人后来成了他的左膀右臂。后来，他还广交各地名士和豪强富户，而这些人为他提供了招兵买马的资金。就这样，在很短的时间内，他就成了辽西一带声名远播的大土匪。

微 – 清朝时，盛京将军（清廷下诏改盛京将军为东三省总督）管辖着东北地区。1899 年，任盛京将军的是满族人增祺。1901 年，增祺的夫人及其他家人在去奉天的途中，在经过张作霖的地盘时，路遇土匪，被张作霖救下。增祺对其心怀感激，于是将张作霖及其手下收编。张作霖及其结义兄弟张景惠、张作相、汤玉麟等人，都获得了相应的官职。殊不知，这场抢劫是张作霖自编自导的“好戏”，那些土匪都是他的手下。

微 – 张作霖此人极擅阿谀奉承。当初任中华民国临时大总统的袁世凯召他进京拜见时，他一见到袁世凯，马上跪地行君臣大礼，向对方三叩头。当袁世凯扶起他，笑称“这是民国时期，

封建那一套礼道已经不兴了”时，他竟然振振有词地说：“前清时，俺只知皇上；现在，俺只知大总统……”

身穿洪宪朝服的张作霖

微－张作霖这个人也极富胆色。当初他刚得势的时候，面对仇家派来的杀手，他知道自己被围在屋中，没有逃走的机会，于是非常镇定地躺在屋内的一张八仙桌上，对杀手们说：“我知道自己今天逃不掉了，也知道你们是拿人钱财替人消灾。这样，你们拿走我的这条腿去交差，留下我这条命吧。”那几个杀手尽管视人命如草芥，但看着摆在桌子上的那条大腿，拿刀的手还是不由得抖了几下。想来，张作霖的“东北王”称号，不知道是舍弃了多少条“大腿”才获得的。

微－东北讲武堂名列中国四大军官学校之一，其他三所军校是云南讲武堂、保定陆军军官学校和黄埔军校。其前身是盛京讲武堂，它是清朝盛京将军赵尔巽在1906年创立的。1907年，张作霖将它改名为东三省讲武堂。1927年9月，张作霖之子张学良又将其改为东北陆军讲武堂。张学良、孙烈臣、汤玉麟等人是它的首批毕业生。而吕正操和马本斋，这两位大名鼎鼎的共产党将领，也是毕业于这里的。

微－张作霖好赌，即使在学兽医的时候也如此。一天，他因输钱不给被人绑在树上毒打。但他仍不服软，还破口大骂。这个情景被“家道小康”

的赵占元看到，他“见而奇之”，打算把自己的女儿嫁给张作霖。赵占元的女儿就是张作霖的发妻赵春桂。

微 - 可以说，大名鼎鼎的东北讲武堂就是张作霖的东北军事人才培训基地。一次讲武堂的学生即将毕业，身为大帅的张作霖自然要前去致辞。事前，秘书拟好了演讲稿，并请他背熟后去讲。没想到，当他站在演讲台上，看到下面黑压压一片的学生时，竟然紧张得只背出了演讲稿的首句“我张作霖戎马半生，饱经忧患……”，其他的说什么也想不起来。正当全场一片沉寂，气氛异常紧张的时候，张作霖竟然破口大骂：“他妈拉个巴子的，我原来背得很熟，但看到你们，一高兴，全忘了！”

东北讲武堂

微－赵春桂和张作霖是患难伴侣。她性情温和，这一点和张作霖的性格正好相反。张作霖因为性格原因，常和同伙发生矛盾，温和的赵春桂就从中斡旋，从而确保双方相安无事。所以，赵氏在张作霖的拜把兄弟中极有威信，他们对她既敬佩又顺服。作为张作霖的心腹将领的张作相曾感慨地说："我那老嫂子在大帅成就大业的过程中，功不可没。"

微－1911年，独居新民县旧居的赵春桂带着二儿子张学铭去奉天看张作霖。半夜，和母亲一起住在外间的张学铭大哭不止，吵到了住在里间的张作霖。心烦意乱的张作霖起来痛打儿子，为此夫妻二人大吵一顿，赵氏一气之下返回新民，随即卧病在床。其实，张学铭事件只不过是夫妻之间矛盾的导火索，最关键的原因是张作霖此时已经"移情别恋"。

微－张作霖于一个偶然的机会遇到了北镇县中安堡的一个塾师的女儿。这个女子名叫卢寿萱，不但非常漂亮，而且能书会写。因此，对卢寿萱可谓"一见钟情"的张作霖就不停地到卢家献殷勤。但卢家人不想让自己的女儿做别人的二房，张作霖就不惜撕破脸皮逼婚，声称"两头为大，绝不是二房"。卢家原计划将女儿送到北镇县城，以便躲开张作霖的威逼，但考虑到两地相距四十里，途中还有几伙土匪，与其被途中的其他土匪抢去，还不如嫁给张作霖。就这样，卢寿萱成了张作霖的第二房夫人。

微 – 一次，在卢寿萱房中吃饭的张作霖在饭菜中发现一只苍蝇，盛怒之下，他下令将厨师杀死。危急时刻，卢氏拦下执行命令的士兵，轻言细语劝说张作霖。她告诉张作霖苍蝇在广东地区是可以吃的，而且是一道美味。因为张作霖没去过广东，于是一场惨剧才没有发生。

微 – 已为人妻的戴氏，其美貌在北镇县远近闻名。1906 年，已经升任清军统带的张作霖成为新民府一手遮天的人物。在得知戴氏的美貌之后，就想将她据为已有。为此，他恩威并施，先是网罗罪名恐吓戴氏的公公，后又用千金利诱戴氏的丈夫。最终戴氏的丈夫忍痛割爱，将戴氏让给张作霖做三夫人。

微 – 戴氏的一个亲弟弟在张公馆担任警卫。此人闲来无事，喜欢在晚上把路灯当靶子打。结果，路灯全被他打碎了。市政建设的人对此敢怒不敢言。得悉此事，张作霖不顾手下的求情，亲自执法，将这个小舅子枪毙。家人对此颇为不解，张作霖说："你们在家犯错丢的是我一个人的脸，但是在外面搞破坏，败坏的是奉天城的风气。"尽管张作霖费尽口舌地解释，但悲痛欲绝的戴氏仍无法原谅他，对他恨之入骨。最后戴氏出家，遁入空门。

微 – 许澍旸是张作霖的四夫人。她于 1888 年 3 月出生在河北省宛平县一个乡村的铁匠之家。许氏姿色过人，被誉为十里八村的金凤凰。一次，张作霖骑马看到去井台打水的许氏，惊为天人，于是强行求娶。无奈之下，许氏只得嫁与他做四姨太。

微 –1934 年，许氏之子张学曾在天津结交了一个外国女友。许氏得知此事后怒不可遏，命人将张学曾捆绑，送到时任天津市市长的张学铭那里，希望他能对张学曾予以严惩。张学铭释放了三弟，还到许氏面前替他求情。结果许氏不答应，又将张学曾捆绑后送到张学良那里。张学良虽对许氏此举哭笑不得，但不能不佩服她的一片爱国之心。

张作霖五夫人寿懿

微 – 张作霖的五夫人寿懿原是黑龙江将军寿山的女儿，只不过她是寿山的外室王氏所生。在校期间，她以才貌双全闻名。在中学毕业典礼上，她作为全体毕业生代表宣读答谢词，结果被出席典礼的张作霖相中。于是张大帅再度上演“王老虎抢亲”的戏码。不得已，正值豆蔻年华的寿懿毕业后就嫁给了张作霖。

微 – 马月清是张作霖的六夫人。她原在天津地区的天宝班卖唱。1923 年，马月清与张作霖相识。当时因军政需要到天津的张作霖并不想纳妾，但其他人都认为马氏长了一副旺夫相。于是张作霖就纳了马月清。娶了马氏后，张作霖的政治生涯果真一帆风顺，并在第二次直奉战争中大获全胜，随后问鼎中原，饮马长江，最终做了陆海军大元帅。张作霖将这一系列的胜利归功于马氏，因此后来他无论到哪里都带着马氏，将其视为自己的“护身符”。

微 – 张作霖的六位夫人之间老死不相往来，这种局面其实是张作霖造成的。当初，张作霖有感于自己知道的妻妾干政、后院失火的教训，规定下人们不能聚众言论，如非节日，各位夫人之间有事办事，无事不能来往。

微 –1890 年，张作霖十六岁。这一年秋天，他流浪到高坎北礤子泡村。此村有一个孙姓财主，家里雇有二三十个伙计。为此，孙财主家专门开设了一个饭堂，除供自家伙计吃饭外，还允许吃不上饭的外来人到那里吃饭。张作霖便经常到孙家的饭堂蹭饭。起初，孙家的管事怜其是个孩子，就任其随便吃。后来由于张作霖去得频繁，管事不胜其烦，便找各种理由或令他不能吃饱，或将其拒之门外。孙家当家主母孙老太太是一个心地善良的人，怜惜张作霖小小年纪，孤身在外闯荡，就命管事将张作霖请来，告诉他可以每日去饭堂吃饭，且吃饱为止。张作霖对这个守寡的老太太心存感激，于是认她做了自己的第一个干妈。

微 –1890 年冬，张作霖从礤子泡来到黄家铺，给另一孙姓财主家干零活、放马。这个孙姓财主因为人刁恶，人送绰号“孙鬼子”。后来，因为一匹青马走失，孙鬼子就将张作霖绑到柱子上毒

打，随后又将奄奄一息的张作霖扔到野外的路沟中。后来，一个姓樊的老人救了他，并让他在自己的家里养伤。一个多月后，张作霖完全好了，就拜这位樊姓老头为干爹。

微 – 于六是个有钱有势的人，住在高坎街上。张作霖和他一起开了家动物医院，生意很红火。于六有个比他小很多的小老婆叫二兰子，她长得年轻漂亮，私下里钟情于张作霖。一次，二兰子借口回娘家，携带金银细软，追上去营口买药的张作霖，想和他私奔。张作霖有感于于六对自己不错，认为朋友妻不可欺，又想到父亲当日将与邻居媳妇儿苟合的大哥张作泰打死的事情，于是断然拒绝了二兰子的要求。结果二兰子因爱生恨，在张作霖买药回来后，以喝酒为名将他骗进房间。随后，二兰子扯开自己的上衣，诬陷张作霖非礼自己。不分青红皂白的于六和家人将张作霖痛打一顿，将其上衣脱掉后绑在门外的大榆树上，想冻死他。在当地开车店的常则春看到，在了解清楚事情的经过后，给张作霖松了绑，把他领回家中。张作霖因此幸免于难。为感谢常则春的救命之恩，张作霖拜他为干爹。从此之后，他就在常家落了脚，除了偶尔做医马医狗的活外，也帮常家做些零活。

微 –1892 年夏，在高坎的一家杂货店购物的张作霖看到两个风流俊俏的姑娘从门前经过。张作霖询问这两个姑娘是什么人，店老板答这是高坎街上的美人祝氏姐妹，名大菊和二菊。不过这二人已经被镇上的于二爷霸占。于二爷曾放话说谁敢招惹这姐妹二人，就要谁的命。不服气的张作霖偏要与于二爷对着干，想惹一惹这姐妹二人。一天晚上，张作霖溜到于家想会二菊，恰好于二爷也去了，张作霖不敢与之正面冲突，只好偷偷溜走了。

微 – 好赌的张作霖在高坎欠了不少债，其中以黄木匠追债最为积极。为讨欠款，黄木匠当众打了张作霖两个耳光。感到无法再在高坎待下去，张作霖与常则春商量后，决定离开高坎。常则春给张作霖凑了些路费，便打发他上路。当时张作霖的腿上生了火疖子，不便行走，于是常则春就将自己的毛驴送给他做脚力。张作霖骑着老常家的毛驴离开的消息被赌徒们得知，他们纷纷来到常家质问老常头，还说张作霖骗了他。听信了众人话的常则春急忙披上旧皮褂子追赶张作霖。张作霖被黄木匠拦于东高坎，逼着还钱时，老常头气喘吁吁地赶到。张作霖问老常头：“您怎么来了？”老常头看到张作霖在寒风中瑟瑟发抖，没忍心讨要自己的毛驴，还将自己的皮褂子送给了他。穿着老人的皮褂子，感受着老人的体温，深受感动的张作霖跪倒在地，连连向老人叩头。

微 –1914 年，张作霖离开高坎已经二十多年了。做了两年二十七师师长的张作霖故地重游，又来到了高坎。他一到凤凰甸村，就命随身的

三四十人的卫队全部下马步行。他还告诉部下这里是自己的第二故乡，不得碰一草一木，不准有任何不轨行为。听说张作霖回来了，昔日和他有过过节的人都吓得躲了起来。他派人到常家小店将常则春老人请来，不但给老人敬军礼，还把常家的门号改成三畲当号。常则春也借他的帮助成为高坎首富之一。随后，张作霖将与自己有嫌隙的黄木匠、于六、于二爷等人请来，以贵客之礼相待，并说："咱们哥们儿年轻时闹过矛盾不算啥，我已经把那些事儿忘了。实话说，我能有今天，还要感谢当初你们那样对我。"

微 – 张作霖在做兽医时，有一次为别人家的牲口看完病后，感觉头晕。他勉强扶着墙走到于天朗家门口就昏倒了。于天朗的母亲于老太太不但将昏倒在自家门洞里的张作霖救回屋，还派儿子于天朗通知了常则春。当张作霖醒来后，看到干爹和于老太太为自己忙前忙后，非常感动。张作霖在于家住了三个多月，才将病养好。病好后，张作霖拜于老太太为干妈。等张作霖返回高坎时，就将已经成年的于天朗带到了奉天，并将其送到讲武堂学习。于天朗是讲武堂第五期学员，毕业后他就进了奉军，后来还当过大帅府侍卫团团长。

微 – 当初张作霖组织保险队时，一次被人追得无路可逃，不得不带着剩下的十八人、十八匹马逃到海龙（本旗右翼第四参领）家请求救命。海龙在了解了具体情况后，让张作霖等人换上家丁的衣服后藏在了后院。等追兵到达后，海龙亲自迎出大门，还设酒杀鸡盛情招待。当追兵头领追问海龙张作霖是否藏在他的府上时，海龙以实相告，并叫张作霖出来和追兵一起喝酒。由此可见海龙的势力在当时是很大的。事后，为表达自己的感激之情，张作霖认海龙为义父。如今在海龙的故居还悬挂着张作霖所赐的九龙匾。此匾为红色，四周绣着九条金龙，匾上书写着“望重藩疆”四个金字，右下角写着“东三省巡阅使，儿张作霖即赠”若干小字。

微 -1903年冬，只带着七八个巡警的张作霖和一个排的俄国兵发生了冲突。由于武器装备差，人数又少，张作霖败北。他带着手下逃到一个烧酒厂。张作霖把情况向烧锅掌柜讲明，并请求对方予以帮助。掌柜的让伙计把院里倒扣的水缸搬倒，将张作霖等人藏于其中。等俄兵来了后，掌柜的故意将他们领进存酒的房间。好酒的俄兵看到烧酒兴高采烈地大喊大叫，而掌柜的则让伙计为他们炒菜、上酒。一个钟头后，俄兵酒醉而走。张作霖感激掌柜的救命之恩，给掌柜的下跪表示感谢。而掌柜的则将张作霖等人请到屋内，酒肉款待。酒席上，张作霖认掌柜的为义父，而掌柜的则将自己十几岁的儿子彭贤引见给张作霖。此后，张作霖一直让彭贤为自己理财。最后，彭贤一直做到东三省官银号总办、张家边业银行总办。

微 -1902年，张作霖被清政府招安。按规定，被招安的人得有保人，保人必须来自民间和官府两方面。而当时张作霖的保人只有义父张子云、杜泮林等民间乡绅。当时段有恒正在新民府做小官，在张子云的斡旋下，他冒着风险为并不熟悉的张作霖做了保人。此举为张作霖日后顺利踏上仕途起到了关键的作用。后来，张作霖也将段有恒认为义父。1915年8月，段芝贵（段有恒之子）被任命为镇安上将军并来到奉天，张作霖与段家的关系更加密切，他经常给段有恒送酒，以示自己的孝心。

镇安上将军张锡銮

微 -1906年4月，张锡銮被清政府任命为盛京巡防营处总办。而张锡銮此人极擅马术，也最喜良马，故人送绰号"快马张"。张作霖得知他的这个喜好后，就从自己的战马中挑了一匹最好的送给张锡銮，并亲率二百五十名骑兵给送到奉天城。此举让张锡銮对他更加赏识。于是在张锡銮到奉后上任不到十天，张作霖就被升任巡防营五营统带官，此职相当于团长。次年1月，张锡銮又任奉天度支使。恰逢奉天财政困难，张作霖又雪中送炭，为张锡銮筹了万两白银。于是在二人关系日益密切的时候，张锡銮将张作霖收为义子。对于张作霖来说，张锡銮权倾东北，投靠他有利于扩张自己的势力。借助张锡銮的势力，张作霖迅速扩充自己的势力，培植自己的党羽，从而在短时间内成为能够左右奉天局势的重要力量。

微 –1905 年，东三省总督锡良因病解职，时任盛京将军的赵尔巽（字次珊）被清政府任命为钦差大臣、东三省总督兼管东三省将军事务。1911 年 6 月 24 日，赵尔巽抵达奉天。这一年 10 月 10 日，辛亥革命爆发。为了维持清朝的统治，张作霖应赵尔巽的要求，进兵奉天镇压革命党。张作霖到达奉天后，将蓝天蔚逼走，和袁金铠勾结后将张榕、宝琨杀死，同时还将北大营的兵变镇压下去。此次张作霖在奉天建立的功勋使得他开始在东北称霸。为了借助赵尔巽的势力，也为了表达自己不忘赵尔巽的提携之恩，张作霖拜赵尔巽为义父。

微 – 赵天赐是赵尔巽年近七十才得的儿子，由其名可知赵尔巽对其疼爱之深。由于两家关系密切，赵天赐从小在张作霖府长大，因而与张作霖的三女儿张怀瞳感情颇深，可谓两小无猜，青梅竹马。赵尔巽看到两个孩子感情深厚，就提出希望两家结为亲家。这个提议被张作霖以辈分不对回绝了。直到 1929 年，张学良在父亲死后一年，才亲自为赵天赐和三妹主婚。赵张两人可谓“先为干父子，后做亲家翁”。

东三省总督赵尔巽

微 – 张作霖在统治东北时，一直和日本人斗智。一次，张作霖应日本驻军司令邀请赴宴。酒足饭饱后，日军司令以五百大洋为赌注，邀张作霖与其赛毛驴。结果，张作霖用一头瘦弱的母驴与其比赛。士兵们纷纷议论，说张作霖根本不懂驴，张作霖也笑而不答，显得成竹在胸。比赛开始后，日军司令骑着一头高壮的大公驴冲在前面，张作霖则骑着自己的那头母驴慢悠悠地走在后面。众人看到张作霖被落得越来越远，都认为他输定了。没想到，跑到一半的路程时，领先的公驴高叫一声后，调头跑到了张作霖骑的那头母驴后面，而且还乐颠颠地舔着母驴的屁股。

微－当初，郭松龄率领七八万人投奔了日本人，日本人非常高兴。关东军的一个武官问他："你得志后，是否愿意履行我们双方订立的二十一条中关于东三省的部分？"郭松龄答以"日后再说"。日武官颇为郁闷，便跑去问张作霖："倘若郭松龄的军队打来，大帅打算如何应对？"张作霖说："实不相瞒，本人将一走了之。"日武官非常高兴。后来，张作霖出兵灭掉了郭松龄。于是日武官责怪张作霖不讲信用，没遵守当时所说的逃走不抵抗的承诺。张作霖答曰："你胡说吧，老子可没说过要逃走。"

微－1928 年 5 月 17 日晚，日本公使芳泽谦吉在会见张作霖时，再次将兑现"满蒙权益"的要求提出来，企图趁火打劫。张作霖听罢，勃然大怒，连唇上的胡须都气得翘起老高，还将自己心爱的翡翠旱烟袋掷在地上，摔成两截。紧接着，他厉声说："拼着我这条命不要，我也不做让后代子孙抬不起头来的事。"随后他不再理会芳泽谦吉，扬长而去。

微－一次，张作霖和日本人谈判，请军师杨宇霆出席。杨宇霆在谈判桌上说自己首次看到谈判文件，并以此为由提出许多意见，还说“此事非大元帅所能专断”。后几经波折，日本人终于得以请张作霖在《满蒙新五路协约》上签字。狡猾的张作霖并没有写自己的名字，只写了一个“阅”字。实际上，这个“阅”字仅表示自己看过了，并不代表自己同意。日本人不知道自己掉进了张作霖的陷阱，最后落得空欢喜一场。

微－被尊称为“东北王”的张作霖听说徐树铮被称为“西北王”，非常不高兴，他说：“小徐啥时候和我老张平起平坐了？”

微－为了谋划奉天独立，张作霖约吴景濂、赵尔巽等人开会。赵尔巽不赞成独立，认为独立就是造反，会被杀头。此时，张作霖突然拔出手枪，往桌上一拍，声称自己要人有人，要枪有枪，只要是对地方有益的事，他就敢做。吴景濂被吓得摔落地上，张作霖则大笑着说自己只是拿枪玩儿玩儿，让他不要怕。吴景濂大怒，骂道：“你妈的，谁他妈开会拿枪玩儿啊！”

微－张作霖于第一次直奉战争结束后，不但整兵练武，还狠抓教育。为此，他将创办大学的想法提到了日程上。他将此事全权交由王永江去办，并表决心说：“我宁愿少养五万陆军，也一定要将东北大学办起来。”1923 年 4 月 26 日，东北大学正式成立。

东北大学校长王永江

微 - 袁世凯任总统时，他手下的军官大都出自名校，这些人随便谁拿出自己的文凭都响当当的。当时，土匪出身的张作霖已经官至海陆军奉天大元帅。一次宴会上，一些军官就拿文凭、学历开张作霖的玩笑。徐世昌吹嘘自己是光绪年间的进士，段祺瑞吹嘘自己和曹锟都是天津武备学堂的学生，而身为直隶都督兼总统府军事处长的冯国璋则说自己毕业于北洋武备学堂。面对众人奚落、嘲讽的目光，张作霖虽然心里特别生气，但他又没法说自己出身土匪，没文化没文凭。只见他抓起一个玻璃杯，向空中一抛，然后拔出腰中的手枪，一枪将尚未落地的酒杯打得粉碎。众人见此情景，都被吓得目瞪口呆，全场鸦雀无声。张作霖手抚脑袋，笑着说："我就毕业于这所学校。"

微 - 一次，张作霖去北京。他知道当时的大总统徐世昌早就因为自己的野心，对自己有所防范。于是他特意花重金购得一只金刚鹦鹉送给徐世昌。这只鹦鹉来自千里之遥的关外，毛色斑斓，训练有素。徐世昌见到鹦鹉喜出望外，对张作霖赞不绝口，也放松了警惕。自然从此之后，他就放任张作霖在关外坐大了。

微 - 张作霖和吴佩孚之间互相利用，双方对合作都没有诚意。一次，吴佩孚面对报界人士，自嘲地说："我和张作霖之间的关系，就如同新婚夫妇，免不了拌个嘴。时间一长，我们的感情就会深厚起来。”

微 – 张学良，字汉卿，是张作霖的长子，出生于张作霖的“创业期”。1901 年 6 月 3 日，张学良的母亲赵氏在马车上生下他。因为出生时头部被撞出血，所以张学良的头上永远留下了伤疤。

微 – 张学良的乳名由双喜改为小六子，背后是有故事的。张学良出生后，张作霖就打了一个大胜仗，而且从此飞黄腾达。因此，在长子出生和打了胜仗这双喜临门的情况下，张作霖就给这个儿子起名为双喜。待张学良三岁左右时，张作霖请算命先生给他算命，算命先生说他的命太硬，要想破除，必得到庙里拜祭和尚，换个名字。当时流行的习俗是，拜祭回来后进村听到的第一个名字就是新名字。没想到，张学良从庙里回来时，有人叫他“小六子”，于是双喜这个名字就被“小六子”替代了。此后，张作霖就以此名呼唤长子张学良。

张作霖父子合影

微 – 张学良在参加讲武堂的入学考试时，取得了四科考试第一的优异成绩。进入学校后，在连续四个月的月考中，他都连拔头筹。有人对他的成绩提出质疑，认为校方因为他父亲的关系，让他走后门，考试作弊，要求重考。学校为了以正视听，重新编排考生座位，进行了一次突袭式的考试，且由教育长亲自监考。考试结果出来后，张学良仍是独占鳌头，众人这才心悦诚服。

微 – 张学良会开汽车、飞机和坦克，但就是不会倒车。一次，他和宋子文一起出门。出门时，张学良开车，回来时宋子文开车。看到宋子文熟练地倒车入库，张学良颇感惊讶，问对方："你会倒车？"宋子文答会，并提出"怎么了"的疑问。于是张说自己不会倒车。这下子轮到宋子文惊讶了。他奇怪地问张学良："你不会倒车，那怎样将车停到车库去的？倘若在路上停车也需要倒车，难道要乱停车？"张学良答曰将车倒到车库里的事情一直由副官在做，至于停车，自己的确是随便停，因为没人告诉他哪里能停，哪里不能停。宋子文笑说他厉害。

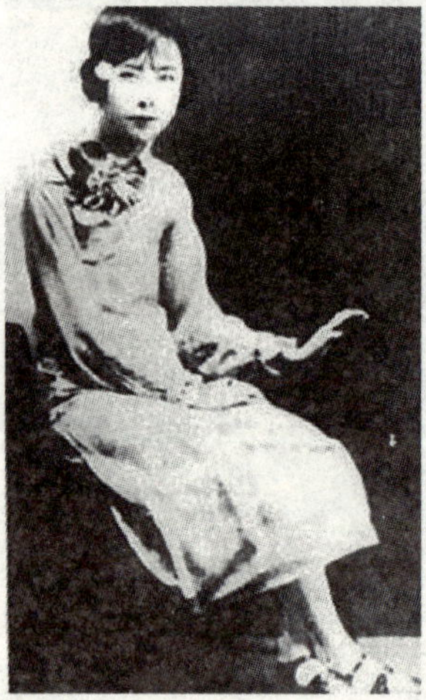

于凤至

微 – 张学良的前妻于凤至于1940年赴美治疗癌症时，就立下"救汉卿，我要奋斗到最后一息"的誓言。后来，她在美国拼命地炒股，从事房地产生意，为的就是将来张学良出狱后手中能有财产。1964年，迫于政治压力，于凤至同意与张学良离婚，但她声称"我生是张家人，死是张家鬼"。于凤至1990年去世，她把全部财产留给了五十年未见的张学良，还在自己的墓旁给张学良留了一个空位。

微 –1929年1月10日下午，杨宇霆、常荫槐二人趾高气扬地来见张学良，要求他在拟好的签呈上签字。这份签呈旨在批准成立东北铁路督办公署，收回中苏共管的中东铁路的管辖权。张学良认为此事涉及外交问题，在此政局不稳的情况下，不宜贸然行动，要请示国民政府后再做决定。但杨常二人不停地逼他签字，无奈之下，张学良只得推托晚宴后再说。杨常二人的举动让张学良产生了将他们除掉的想法，以免除后患。张学良将自己的想法告诉了夫人于凤至，但于凤至不赞同。最后，张学良以银元问卜天意。他先后下定头像向上三次、向下三次即处决他们的决心，结果都如其所愿。后来这枚银元被保存进保险箱中作为纪念。

微 – 赵四小姐是天津人，名绮霞，是张学良的第二位夫人。其英文名字是 Edith，而她的另一个名字一荻就是这个英文名字的谐音。人们习惯称她为赵四小姐，就是因为她在家中姐妹中排行第四。赵四出身于官宦之家，父亲赵庆华曾是北洋政府交通次长。赵一荻和张学良的儿子叫张闾琳，是二人爱情的结晶。

赵四小姐

微 – 为了驯服东北虎张学良，蒋介石特意请前清进士蒋老先生到溪口教张学良读书。为了磨平张学良身上的棱角，蒋老先生每天为张学良授课一个半小时，所授内容从《论语》《中庸》开始。授课时，蒋老先生讲得兴味浓厚，格外卖力，而张学良及其看管者则毫无兴趣，耐着性子煎熬，其难过远胜受刑。

微 – 张学良去世后，留下四大箱信件，共五百多封。这些信包括了他和蒋介石、宋美龄、宋子文、孔祥熙、陈立夫、蒋经国、陈诚、杨虎城、戴笠、端纳等要人的往来信件。在这些信件中，数量最多的是他和宋美龄的通信，多达百封以上。

微 -1925 年，孙传芳被东北军打败，东北军初次进入上海。当时张学良在上海是有名的花花公子。宋美龄当时是上海滩出名的美女，张学良第一次见到她时，就被她迷住了，称其“美若天仙”。此后，他先后与宋美龄约会多次。他曾对王书君说，如果不是自己已经有了太太，他会狂追宋美龄。

蒋介石和张学良

微 - 一次，张学良和张治中一起去拜访画家张大千。回来的路上，两人让下人先回去了，他们一边散步一边聊天。走着走着，张学良觉得走路不舒服，低头发现自己的鞋带开了，但他没有理会，接着走。张治中提议他把鞋带系上，否则不但难受，而且容易绊倒。张学良则说自己不会被绊倒。因为张治中不停地劝说自己系鞋带，张学良最终无奈地告诉对方自己不会系鞋带。

微 - 张学良和吴佩孚在山海关打仗时，一天，吴佩孚的部下报告说："昨天有人看到好像是张学良坐着小船向秦皇岛方向去了。"吴佩孚摇头不信，认为不可能，因为去秦皇岛要经过自己的地盘，他料定张学良没有这个胆量。后来张学良回忆说："作战的时候，我曾跑到秦皇岛洗了个澡，打了球，然后又跑回去了。"

张学良和于凤至在高尔夫球场

微 - 赵四小姐的父亲一直对赵四和张学良的爱情持反对意见。为此，两人只能私下里约会。一次，赵四小姐给了张学良一套赵家乡村别墅的钥匙，并叮嘱他必须独自一人去。后来赵四小姐因为家中有事迟到了。等她赶到别墅一看，张学良正坐在车里等她。赵四奇怪地问他为什么不进去，张学良答自己之所以没进去是因为没推开门。赵四问其为什么不用钥匙开门，张答自己不会开门，因为自家的门从来都是开着的。

微 - 在获得自由后，张学良曾感慨地说："只要宋美龄活一天，我就能活一天。"

微 - 一次，张作霖从北京回到家时，天还没亮，张学良就端了一盆水进来。张作霖问他要做什么，张学良答要为他刮胡子。张作霖略带惊异地问他是否学会了，张学良避而不答，只是搬来凳子请父亲坐下。张作霖在吸过一口烟后，边磕灭烟边叮嘱他，自己次日还要见日本人，倘若将自己的胡子刮得乱七八糟，定不轻饶。张学良郑重地告诉他，自己已经把家里的萝卜都刮光了，让他放心。

微 – 有两个佛教徒因宋美龄而成为虔诚的基督徒，这就是极不容易改变的两个政治狂人蒋介石和张学良。当初宋美龄在劝张学良入教时，用非一般朋友之间的语气说：“汉卿你又走错了路。世界上很多名人都信奉基督教，我并不是因为自己信就说它好。”

左起：张学良、于凤至、宋美龄、蒋介石

宋美龄的初恋刘纪文，广东东莞人，宋美龄与蒋介石结婚前提是“善待刘纪文”。其结婚时，宋美龄送去硕大花篮，蒋介石也亲自去证婚

微 – 赵四小姐从十六岁开始和张学良相恋，第一年，二人的感情被指为奸情；第二年，二人被人指为偷情；二人在一起六十年，人称他们的感情是千古爱情。由此可知：很多事情不在于是否做，而在于你做多久。

微 – 一次，张作霖患了重病，昏迷不醒，束手无策的帅府医生们不得不病急乱投医。就这样，民间医生“付彪子”被请到帅府一试。但麻烦来了，“付彪子”进不了张作霖的房间。原因是帅府规定：少将级别以下的外人不得进入大帅房间。有人灵机一动，找来一套少将服装让“付彪子”穿上，他才得以进入大帅的房间。半个时辰后，服了医生药的张作霖悠悠醒来。他看到满屋人中，有一位郎中少将颇为眼生，于是问：“这个人我怎么没见过？”身旁的人忙说清原因，并表示既然大帅病已好了，马上就给他钱，打发他走。结果张作霖却笑着说：“妈拉个巴子的，既然这小子真有两下子，就别让他走了，那身衣服也不用脱下来了。”

微 – 五十多岁的剃头匠申某是张作霖的“御用”剃头匠，他以刀快手快闻名，剃头的最快速度是三分钟剃完一个头。故人称其为“神刀”。一次由于时间紧，“神刀”只有十分钟的时间为张作霖剃头，这期间，洗头磨刀就花去了五分钟。等张作霖坐下之后，“神刀”的小徒弟快速把一把磨好的刀向张作霖头顶甩过来。张大帅吓坏了。此时，“神刀”伸手轻轻一抓，刀子就落入了他的手中，接着他顺手在张大帅的头上轻重适度地一刮，张大帅只觉得头顶唰地一凉，没来得及反应，第二把刀又飞至。这下把大帅吓得头发晕，眼皮抖。就这样，刀子飞过来，“神刀”接过去，一刀一刀……五刀结束，恰好两分四十秒。张作霖摸摸自己的头，还在，便大步走到门口，顺手从卫兵的枪套中抽出手枪，快速顶上子弹，抬手一枪，“神刀”的帽子就飞了出去。看到吓得魂飞魄散、跪地求饶的“神刀”，张作霖放声大笑：“妈拉个巴子，我被吓你了五跳，吓你一跳还不行啊！”

微 –1915年1月10日，张作霖赶赴老家海城扫墓。途经海城界内老墙头时，他看到那里有许多难民，遂生恻隐之心。念及同乡之情，他马上和陪同的地方官员商议，决定先从军饷中支出一千二百六十元以作抚恤乡亲之用。但他反复强调，这只是垫付，以后奉天省财政厅是一定要补还的。

微 – 最初的时候，京奉铁路路政管理混乱，军人和官员可以理直气壮地无票乘车。为了严肃纪律，张作霖委派常荫槐出任军警执法处处长兼任京奉铁路局局长。一次，寿夫人娘家的一个厨师在京奉铁路上无票乘车，被发现后态度十分蛮横。恰好常荫槐出差，也坐在这列车上，于是他便亲自去查验对方的车票。结果这个厨师声称自己是寿夫人家的用人，坚决不补票。在常荫槐令执法队将他强行拉下车时，他还破口大骂。为了教训此人，常荫槐命执法队将他按在站台上痛打十棍，打得他连连求饶。这个厨师回到沈阳后，向寿夫人诉苦。寿夫人就请张作霖为寿家人出口气。结果张作霖不但没处罚常荫槐，还因为他敢于打寿家人而赞其有种，说自己正需要这种铁面无私的角色。从此之后，常荫槐仕途一帆风顺，由铁路局局长直接升任北京中央政府交通部部长。

微 – 一次，张大千宴请张学良，并亲手写了菜单。宴罢，张学良把菜单拿回，请张大千在上面题字，准备留作纪念。结果张大千遂于菜单后的空白处画了一小把萝卜茎及五只红萝卜，以及横列的几棵大白菜，并题诗曰：“萝菔生儿芥有孙，老夫久已戒腥荤；脏神安坐清虚府，那许羊来踏菜园。”

微 – 张作霖进京觐见溥仪时，穿着旧式的衣冠。等见了溥仪，他偷偷看四周，觉得皇家威仪不过如此。溥仪看他目光灼灼，颇似贼，非常不高兴，和他说了几句话就让他退下。事后，溥仪对近侍说张作霖目光炯炯好像贼，太无礼了。张作霖听说后，非常生气，对别人说：“这小子已经成了平民了，还端什么臭架子！”

微 – 张作霖非常敬重孙中山，为此常对外称孙中山为“我的老友中山先生”。等将直系势力驱逐出北京，自己独霸北京城后，他就学孙中山在广

州的做法，以“陆海军大元帅”的名号行使国家元首的职权。此外，他还在孙中山的“民族、民权、民生”三民主义上，加了一个意为中华旧道德的“民德”，称之为“四民主义”。

微 – 当初为了将慈禧太后从西安迎回京，袁世凯特意定制了一辆豪华专列。十年后，慈禧乘坐回京的这列专列成了民国元勋孙中山的专车。又过了十六年，张作霖乘坐这列专列在皇姑屯连人带车被日本人炸得稀烂。

－微－

戏如人生：梅兰芳家族

梅兰芳八岁学戏，十岁登台。他红极一时，戏票总是被哄抬到很高，买不起票的人往往伫候于门口，谓“望梅止津”。梅兰芳一生钟爱京剧，据说他患有高血压症，那时国内还没有专治高血压的特效药，他发现在演戏之后，血压会降低。梅家从梅巧玲到梅竹芬，到梅兰芳，再到梅葆玖，四代“旦角”。 梅兰芳的家族似乎与京城其他京剧艺术家的家族没有什么不同：演戏、生活，子承父业，代代相传。

52分钟前　来自微历史　转发(188) | 评论(25) 52分钟前

梅兰芳祖父梅巧玲饰《雁门关》中萧太后

微 - 掌管四喜班后，梅巧玲格外地爱护学徒们，禁止师父打骂他们。一次，杨元（即杨三喜的孙子）在班子里教学徒戏时把学徒打了。这件事被梅巧玲知道了，他非常生气，严厉地告诉杨元："四喜班不是福盛班，你这么糟蹋人家的孩子就是不行，干脆你另谋高就吧。"

微 - 梅巧玲特别爱护和尊重同行，不管戏班里谁有困难，他都竭尽全力予以帮助。一次，班子里吴菱仙的家中发生了意外，梅巧玲知道后，就将一张银票团成一个小纸团远远地抛给吴菱仙，嘴里还说："菱仙，请你吃槟榔。"吴菱仙接过打开一看，才发现是一张银票。

京剧一代宗师杨小楼

微 - 当初在私塾读书的时候，梅兰芳对死记硬背知识不感兴趣，因此有时难逃被打手板的噩运。后来，为了避免挨打，他开始逃学。一次，走在上学的路上，他就想着怎样把书包藏起来。结果此举被京剧武生宗师杨小楼看到了。杨小楼把他抓起来，向着院中的水井奔去，一边走还一边说："你不好好念书，还逃学。我看你还敢不敢逃学了！"梅兰芳吓得连连讨饶："我不逃学了，我一定好好念书。大叔，您饶了我这次吧。"

微 - 梅兰芳七岁那年，名小生朱素云的哥哥被梅家请来教他唱青衣戏。当时，仅仅《二进宫》四句老腔，梅兰芳学了很久也不能上口。朱先生认为他学戏无望，原因是他学得太慢，一张小圆脸上的两只眼睛眼神呆滞，没有神采，而且眼皮还经常下垂着。于是朱先生就武断地判了梅兰芳的“死刑”：“祖师爷不让你吃这口饭！”从此之后，他再没进过梅家的门。

微 – 从少年时候开始，梅兰芳就喜欢养鸽子。开始的时候，他就是想养几只鸽子玩，并把养鸽子当作自己的业余爱好。后来，他越来越喜欢鸽子，并且把养鸽子当作自己日常生活中不可缺少的一件事。他的家在鞭子巷三条，是个四合院，他在房子的两边搭了鸽子棚。每天天刚亮，他就去把鸽子棚打扫得干干净净，还给鸽子喂食、喂水，隔三差五就为鸽子洗澡。梅兰芳每天早晨都要练功、吊嗓。除非阴天，否则他就在练功、吊嗓后，将鸽子放出笼。放鸽子时，他会按鸽子飞行能力的强弱将它们分成几队，按顺序放上天空。在训练新鸽子时，梅兰芳还要随着鸽子的远飞近抛，不断辨认寻找。就这样，在放鸽子和训鸽子的过程中，梅兰芳双眼迎风流泪的毛病好了，原来看上去比较呆滞的眼神也越来越有神。

微 – 伪满洲国成立时，有人想邀请梅兰芳去表演助兴。一个清朝遗老受命到上海请梅兰芳。当梅兰芳数次找理由拒绝邀请后，这位遗老恼羞成怒地训斥梅兰芳：“大清朝的恩典，你们梅府三代都享受了，为此樊樊山（即樊增祥，清末民初官员，文学家）还有了‘天子亲呼胖巧玲’的诗句。现在大清国再次复国，你本该前往庆祝，而且现在让你做的和出演一次堂会有什么区别？”梅兰芳答道：“清朝已经灭亡了，现在的溥仪先生不过是个普通老百姓。倘若他以中国国民资格请我为他祝寿演戏，我不会推辞。但现在日本人操纵着他和我们中国人敌对，我不会为他演戏。”

微 - 十六岁的福芝芳是梅兰芳的老师吴菱仙的女弟子。一天，福芝芳陪老师吴菱仙到梅家向梅兰芳要《武家坡》这个剧本。王明华注意到了福芝芳，被她的秀丽文静吸引。王明华认为福芝芳的性格易于和自己相处，就想让她和梅兰芳成婚。福芝芳和梅兰芳结婚后，两人恩爱非常。结婚十四年中，他们先后有了九个孩子，五个儿子，四个女儿。不过遗憾的是，九个孩子只有四个长大成人，他们就是梅葆琛、梅葆珍（绍武）、梅葆玥、梅葆玖。

梅兰芳第二任妻子福芝芳

梅兰芳第一任妻子王明华

20世纪40年代梅兰芳与福芝芳及子女合影

微 – 王惟琛是个追星族，他一直爱慕孟小冬，但孟小冬不接受他的感情。一天，为情所困、百般愁苦的王惟琛听说梅兰芳“抢走”了孟小冬，就提着一把枪冲进了梅府。当时梅兰芳正在和几个朋友用餐，其中一个人就是北京《大陆晚报》经理张汉举。张汉举自告奋勇出去看看情况。没想到，他和王惟琛才交谈了几句，就被王惟琛挟持，成了人质。结果，警察到来后，王惟琛因紧张，枪走火，把张汉举打死了，而警察也把他打成了“蜂窝”。

梅兰芳与孟小冬

微 – 作为京剧明星，梅兰芳想让“国剧”在国外发扬光大。对于他的这个想法，齐如山特别支持。日本是梅兰芳宣传“国剧”的第一站。当时，为了帮梅兰芳壮声威，中国驻日本的代办公使特意举办了一个盛大的酒会，并且安排梅兰芳在酒会后演出。听到这个消息，各国大使纷纷慕名而来，日本内阁更是倾巢出动，就连总理大臣也到了。可是，为了举办本次酒会花费的几千元钱，外交部却不予报销。直到新的外交部部长上任，这笔拖了很久的开销才被解决。

微 – 一次，胡适参加新月派诗人们的聚会。在聚会上，他对闻一多说：“你们湖北人中有‘三杰’，此‘三杰’是一文一武一名伶。文人就是你，武者是黎元洪，名伶则是谭鑫培。”闻一多笑着说：“你们安徽人中也有‘三杰’，同样是一文一武一名伶。文人非你莫属，武者是段祺瑞，

名伶自然是梅兰芳。”

微－大约在1915年，梅兰芳和刘喜奎首次同台演出。当时，时任袁世凯的外交总长的陆徵祥要举办堂会，遂遍邀北京的名角儿。谭鑫培、杨小楼、梅兰芳以及刘喜奎都在被邀请之列。当时，谭鑫培年纪已经很大了，可梅兰芳才初露头角。演出结束后，谭老板感叹地说自己“男不如梅兰芳，女不如刘喜奎”。

四大名旦合影梅兰芳（中）、尚小云（右）、程砚秋（前）、荀慧生（左）

微－1935年，梅兰芳到莫斯科演出。演出结束后，观众为他精彩的表演所沉醉，为他献上的掌声经久不息，谢幕次数达到十次。当时，苏联的许多党政要员都去观看了他的表演，其中还有一向深居简出的苏联领导人斯大林。高尔基、阿·托尔斯泰等大文学家也去观看了他的演出。当时很多戏迷因为买不到票，就聚在剧院门口，想看一看梅兰芳。为了维持秩序，苏联警察不得不骑马驱赶他们。一些女戏迷甚至在剧院门前高喊：“梅兰芳，我爱你！”整个苏联都轰动了。

微 –1929年，美国好莱坞邀请梅兰芳去演出。结果梅兰芳演唱的《天女散花》让美国人非常痴迷。在为梅兰芳举办的庆功会上，一位穿着破烂、浑身脏兮兮的“清洁工”闯进了宴会厅，他一把抓住梅兰芳的手，大声说：“我终于见到你了。”这个“清洁工”不是别人，正是喜剧大师卓别林。

进军好莱坞第一人——梅兰芳正在表演《天女散花》

微 – 当初汪精卫伪政府组织了庆祝“大东亚战争胜利”巡回演出，梅兰芳也被要求参加。为了推托，梅兰芳就请人为自己注射了三针能引起高烧反应的伤寒防疫针。结果打针后，他发烧烧得昏迷不醒，体温高达42℃。

微 – 在梅兰芳表演的戏里，有不少地方要求表达女人吃惊的神态。为了演好这一细节，梅兰芳反复琢磨，达到了废寝忘食的地步。一天，他回到家中时，恰好看到妻子正在全神贯注地整理衣服。于是他灵机一动，随手把身旁的一个兰花瓷盆狠狠地摔在地上。随着瓷盆落地的一声巨响，妻子被吓得猛一回头。妻子在这一瞬间的惊恐表情，被梅兰芳准确地捕捉到了。

蓄须的梅兰芳

微 –1941 年 12 月下旬，香港被日军侵占了。此时，居住在此的梅兰芳特别担心，怕日本人来找他演戏。最后，为了不给日本人和汉奸卖国贼表演，他和妻子商量后，想到了一个解决问题的办法：留蓄胡子，罢歌罢舞。当时他还对一个朋友说："可别小瞧我的这撮胡子，将来可是能派上大用场的。"

微 – 到梅兰芳家做客的朋友，都对梅兰芳家的一个大酒坛很感兴趣。他们初次见到酒坛后都要问梅兰芳："原来你酒量这么大啊。"为此，梅兰芳特别郁闷，他说："那是我用来吊嗓子的，笨蛋。"

微 – 在上海的时候，梅兰芳在家里养了很多猫，这些猫各有自己的名字，像小花、大白、瘦黑、肥黄。每当他唤猫的名字时，猫都能应声而至。后来他到了北京，每次写信回上海，一定要问那些猫的情况："大白是否瘦了，小白还是老样子吗？嗯，我真是非常想念它们。"

微 – 当初梅兰芳去香港时，曾将一笔数额很大的演出收入存入香港的银行。可是等他回到上海后不久，那笔存款就被统治着香港的日本人全部冻结，无法取出。这对于靠利息过日子的梅兰芳一家影响非常大，家中的生活达到了举步维艰的地步。最后，梅夫人想到了一个谋生的方法："最近何香凝女士卖画谋生的消息被报纸刊登出来。你何不也像她一样，靠自己的绘画本领，卖画度日呢？”于是，梅夫人磨墨，梅兰芳作画，不到八天的时间，梅兰芳就画了二十多幅鱼、虾、梅、松。

微 -1942年秋，梅家来了一位不速之客，此人就是时任汪伪政府行政院副院长兼外交部长的褚民谊。原来，为了庆祝所谓“大东亚战争胜利”一周年，汪伪政府想于当年12月组织剧团到南京、长春、东京巡回演出，并且要求梅兰芳任剧团的团长。梅兰芳一边摸着嘴边的胡子，一边说自己年纪大了，嗓子不行了，早就退出了舞台。阴险的褚民谊看着梅兰芳那蓄了胡须的脸，眼珠一转，说：“胡子完全可以剃掉，嗓子如果吊吊也能恢复。”对这个阴险的家伙，梅兰芳不想和他废话，就用半幽默的腔调冷冷地说：“早听说您喜欢玩儿票，而且大花脸唱得很好。不如您自己做团长去慰问吧，那要比我去强多了。”

微 -1942年以后，看到家中的生活日益困窘，梅兰芳开始卖画维持家中的生计。梅兰芳常在晚上画画，有时朋友也来看他作画。一次，梅兰芳在书房作画，许姬传在一边看。看着看着，许姬传就在书房的沙发上睡着了。等他一觉醒来，天早就亮了，而梅兰芳仍然精神抖擞地在桌前画画。看到许姬传醒了，梅兰芳就笑着说：“当年我找到演戏的窍门后，戏瘾越来越大，现在我找到了学画的门径，就同样有了像小孩子得到饼吃那样的乐趣啊。”梅兰芳有一次在作画时过于全神贯注，以致手指碰到汽油灯，被烫起了一个水泡。

微－梅兰芳和朋友游香山时，在山上的石头上刻上了一个大大的“梅”字。不久，香山公园主管熊希龄先生就找到了他。熊先生说：“虽然我们不认识，但您把名字刻在了香山的石头上，所以我还是能找到您。因为您在山上刻字，所以我要罚您的款。不过，罚款就不要了，您就给香山慈幼院筹募基金义演一场戏吧。”梅兰芳马上就答应了。后来，梅兰芳在香山饭店临时搭起的舞台上，表演了一场《宇宙锋》，将演出的全部收入捐给了香山慈幼院。这件事被当地的老乡知道了，大家纷纷说这个大“梅”字可真不便宜。

- 微 -

民国外交第一家：顾维钧家族

顾维钧是近现代史上最卓越的外交家之一，北洋政府和国民党政府时期外交界的领袖人物，被誉为“民国第一外交家”。一位在巴黎和会上不畏强权、敢于替中国人民鸣不平的外交官，近代第一个向国际社会说“不”的中国人。这位职业外交家在国际上站得稳，兜得转，堪称官场“不倒翁”。

52分钟前　　来自微历史　　转发(188) | 评论(25) 52分钟前

微 -1860 年，太平天国忠王李秀成绑架了顾维钧的祖父顾晋恩和几个小兄弟。为了赎身，顾家不得不把所有的财产拿出。事后，因为惊吓过度，原本身体就虚弱的顾晋恩不久就病逝了。

微 - 顾维钧的父亲顾溶婚后一直在家待业。这时的顾溶负担特别重，上有年迈的母亲和长期寄住在顾家的岳母，下有三个年幼的孩子，用上有老、下有小来概括，非常恰当。此时顾溶的妻子又怀孕了。为生活所迫，夫妻二人商议后，决定堕胎。他们原指着喝某种茶水就可以流产，但这个偏方无效，最终这个男婴顽强地活了下来，他就是顾维钧。

微 - 顾维钧到哥伦比亚大学读书一年后，发现要想获得文学学士学位就一定要补修拉丁文。于是他找到院长，要求在二年级的时候开始学习拉丁文。最后经过努力，顾维钧仅用六周的时间就完成了美国学生要用四年的时间完成的课程，而且一年后他在拉丁文考试中获得了“甲上”的成绩。不过，顾维钧没想提前毕业，坚持要和同班同学一起毕业。校方和他为此僵持不下。最终，幸亏注册处主任为他出了个“别交毕业费”的主意，他才得以“延迟”毕业。

微 - 晚清第一任交通银行总裁是顾维钧的父亲顾溶。光绪末年，顾溶从江苏嘉定老家来到上海，做了上海道尹袁观澜的师爷。当时擅长看相的张衡山也是袁观澜的幕僚。据说此人看相极其灵验，道尹衙门中的大小官员有很多都请他看过。那时，袁观澜的儿子袁履登和顾维钧都在一起读书，他们不但是校友，而且关系相当好，经常在课后到衙门里玩儿。张衡山看到他们二人后，说他二人都不是平常人，只不过袁履登将来恐怕难得善终，而顾维钧将来则会富贵双全，一帆风顺。后来袁履登沦为汉奸，果然没能善终。

微－当初，曾任孙中山私人顾问的澳大利亚驻华记者端纳建议袁世凯重用接受过外国教育的热血青年，袁世凯得意地告诉他："我的政府已经有了年轻的顾维钧博士，他就是我的外交顾问。"

青年才俊顾维钧

微－张衡山有一个和顾维钧年龄差不多的女儿。后来，他就请人做媒，为顾维钧和自己的女儿订了婚。后来，为了顾维钧的仕途，张衡山就把顾维钧介绍到国务总理唐绍仪手下做秘书。没想到的是，顾维钧竟然和唐绍仪的千金好上了。为了女儿，唐绍仪让人逼张衡山的女儿和顾维钧解除婚约。这令张衡山后悔不已，他曾捶胸顿足地说："我只会看相，不会看人心啊！"最终，张衡山抑郁而亡，他的女儿也因伤心遁入空门。

微－1908年夏，顾维钧奉父母之命娶了张家小姐。不过，自结婚当晚开始，顾维钧就到母亲暂时空着的房间睡觉，不回自己的房间。顾维钧的父母看不下去，不得不督促他回新房睡觉。不过，顾维钧虽回到新房睡觉，但与张家小姐仍是分床而睡。

微－唐宝玥是唐绍仪的女儿。因为爱上了顾维钧，她就哭着求自己的父亲同意二人的婚事，还扬言如果不能嫁给顾维钧，她就要削发为尼。见唐绍仪不同意，唐小姐果真跑到北京郊外的白云庵，然后让人告诉唐绍仪自己已经选定日子落发为尼。后见父亲仍不理睬自己，唐小姐又跑回城里，让人通知唐总理，如果不同意她的要求，她就到当时北京娼妓集中的八大胡同去做生意，而且还要打着现任国务总理小姐玫瑰的牌子。唐绍仪无奈之下，只好竖起白旗，同意了这桩婚事。

顾维钧夫人唐宝玥与长子顾德昌 1917 年摄于华盛顿

微－1913 年，顾维钧和唐宝玥结为夫妻。他们的婚期原本定在 6 月 2 日，但已经五十多岁的唐绍仪总理也要在这一天举行婚礼。为了照顾唐绍仪的面子，接到唐绍仪通知后的顾维钧在仓促之间不得不改变婚期，将日期推后。之后，翁婿二人在同一个地点，先后举办婚礼。

微－“亚洲糖业大王”黄仲涵是印尼华侨第一巨富，他死后留下五百万英镑的财产。他有一个女儿叫黄蕙兰。黄蕙兰长相普通，而且曾结过婚，对方是英国的一位爵士。不过，由于家庭富有，黄蕙兰有华美的衣着、贵重的首饰，这些为她加分不少，也让不少男人为她动心。担心别人把顾维钧抢去，这位黄小姐就在一天晚上坦率地对顾维钧说："我用手中的金钱力量为你的事业成功做保证。我们合作吧。"

微－在中国，黄蕙兰这位非同寻常的女性只不过是外交家顾维钧的第三任妻子，是个喜欢摆阔的贵妇。可是，她的名声在欧美却非常响亮。在欧美社交界，她曾经是东方时尚女性的代表，一度和宋美龄齐名。她是 Madame Wellington Koo 或者 Hui-lanKoo 这一点，人们都知道。黄蕙兰自己就曾说："有一年冬天，因为患了皮肤病，我不能穿袜子，只好光着脚去上海。当然，其中的原因我是不会告诉别人的。可让人啼笑皆非的是，那些上海的妇女在寒冷的冬天也把袜子脱掉了。后来当我的皮肤病好后，我重新穿上了袜子，她们一定感到奇怪。"

"IT Girl"（物质女孩、名门风骚女）黄慧兰与她的夫君顾维钧（Wellington Koo 即顾维均）

微－黄蕙兰的父母对顾维钧和黄蕙兰的婚事持截然不同的态度。黄父持反对意见，他反对的理由是顾维钧不但穷，而且结过两次婚，还带着两个孩子。因此，黄父没去参加女儿的婚礼。黄母对这桩婚事则比较赞成，她赞成的原因是顾维钧是有名气的大官，嫁给他可以光耀门楣；属猪的顾和属虎的女儿命造相合，因此以后二人一定会琴瑟和谐，白头偕老。

微－黄蕙兰在巴黎有许多粉丝，其中就有法国玛丽王后、摩纳哥王妃、美国杜鲁门的妻子等人。当时的一些香港人喜欢将老式古董绣花裙子遮

在钢琴上做装饰，这么做只是为了挡灰，这种绣花裙子非常便宜。黄蕙兰就买了不少这种老式的裙子，经常在晚上穿。没想到，黄蕙兰这种做法在巴黎引起了轰动，这种裙子的价格被巴黎人抬高了几百倍。

微 – 据张学良讲述，黄蕙兰整日里无所事事，而且牌品和人品都不好。她谎报自己的年龄，打牌时偷牌，还在婚后红杏出墙。有一次，黄蕙兰发现顾维钧有了外遇，就在顾维钧打麻将时，将茶水浇到他的头上。尽管茶水从自己的头上哗啦啦流下，顾维钧仍淡定地打牌，丝毫不为所动。

微 – 张学良的一个女性朋友被顾维钧看上，顾维钧请张学良把自己介绍给对方。张学良拒绝了他的请求，并声称自己不会为他拉皮条，如果实在想认识人家，就自己去，最后还说他“什么都整”。顾为此很郁闷，表白自己只不过想泡个妞，还责怪张多管闲事，因为“她又不是你的妞”。

微 – 1919 年的巴黎和会，顾维钧作为中方代表之一列席。在谈到山东问题时，顾维钧慷慨陈词，代表中国代表团发表了和会期间最重要的发言。他的一番雄辩之词，受到了绝大多数与会人员的赞扬。后来，美、英、法三国巨头先后和他握手道贺。美国的威尔逊、英国的劳合·乔治都称赞他的发言是中国观点的卓越论述。据说，人称“老虎总理”的克列孟梭因为在和会上亲眼目睹了顾维钧的精彩辩论，为之深深折服，戏称他为“中国小猫”。

微 – 严幼韵是顾维钧的最后一位夫人。她出身于上海富商之家。严家三姐妹皆是当时的才女，其中，严彩韵和严莲韵分别于 1921 年和 1924 年毕业于金陵女大。严幼韵则于 1927 年转入复旦大学商科，是该校第一批女学生。她坐自备的轿车去学校上课（她自己也会开车）。而她所坐车的车牌号 84 号在英语中读作 Eighty Four，一些男生就用上海口音将其念成“爱的花”。严幼韵是一个极其时髦的人，她每天所穿的衣服都是精选自家所开的老九章绸布庄内的布料制作而成。天生丽质再加上时髦的服装，令严幼韵在复旦内外声名远播。

严幼韵和她编号 84 的汽车，当时上海只有 100 辆这种车

严幼韵

严幼韵与杨光洼的婚礼

微 –1929年9月6日，复旦校花严幼韵嫁给了时任清华大学教授兼外交部顾问的杨光泩。婚礼在上海大华饭店举行，由时任外交部长的王正廷主持。当时有上千嘉宾出席，婚礼之盛大，轰动了整个上海滩。

1944年，顾维钧接待访问中国的英国皇后玛丽

微 –1919年，在巴黎和会上，顾维钧痛斥日本人索取山东特权的无理要求。他说："耶路撒冷是基督教的圣城，是神圣不可侵犯的，因为西方有位圣人耶稣就是在此遇难的。无论在你们日本人心目中，还是在我们中国人心目中，孔子都是圣人，其故乡山东自然就是我们中国人心中的圣地。因此，山东也不容侵犯。"听罢他的这番话，在座之人皆点头赞成。

微 – 臭菜一直是顾维钧最喜欢吃的，像臭豆腐、臭肉、臭蔬菜、臭虾酱，皆是他的餐桌上不可或缺的美食。顾维钧在任驻法公使时，因为法国没有臭味菜，他就在回国时特意带了一包臭菜出境。法国人不得不戴上防毒面具检查，而顾维钧却怡然享受着那种臭味。

微 -1919年5月，顾维钧的一位上海友人写信告诉他，《字林西报》用两整版的位置刊登指责他的文章。在文章中，他被指责不但和北京的亲日派交朋友，还和曹汝霖的女儿订了婚："中国何其悲哉！值此危急之秋，适逢外交斗争胜利在望，而国家赖之共济时艰的最卓越外交家之一，却与亲日派联盟，与曹小姐订婚，转而反对国家利益。"后经调查，这是顾维钧的政敌王正廷对他的造谣中伤。

王正廷，浙江奉化人，民国高级外交官，中国"奥运之父"

微 - 九一八事变后，顾维钧开始效力于南京国民政府。蒋介石对他特别殷勤。有一次，因为外委会休会，顾维钧得以借机返回北京。蒋介石听说后，特意派手下到机场送行，还送上一封内装三百元支票的信，声称是给顾维钧做旅费的。顾维钧对老蒋表示感谢，但将钱原样退回。

微 -1932年初，到巴黎任职的顾维钧居住在清末就租定的老使馆。当时，这处建筑已经被中方租住三十多年了，使馆位于楼下，楼上就是公寓。有时候，有的房客不知道楼下是使馆，对使馆工作人员呼来喝去的，有的甚至还把要洗的衣服丢在中国工作人员面前。顾维钧在上任的那天，发现各种戏目的海报被贴在了使馆门前，使馆大门口还挂着黑纱，一问才知道原来是楼上有人家办丧事。等他到了办公室刚坐下，又接到了要预订电影票的电话。原来房东把这幢楼的另一半租给了一家电影院。最令人难堪的是，使馆所在的那条街道特别狭窄，以至于每到递交国书的时候，法国总统派来的礼车只好停在街口外。

顾维钧与王宠惠

- 微 -

红顶商人：盛宣怀家族

在中国近代史上，盛宣怀是一个十分重要的人物，被后人誉为“中国早期工业之父”。作为“红顶商人”，胡雪岩在他面前也显矮了三分。他推动了中国商业现代化的进程，其一生创造了中国的诸多第一：除 1897 年建成中国第一家银行——中国通商银行；1895 年创办中国第一所正规大学——中西学堂（1896 年改名为北洋大学堂），他还于 1904 年在上海创办红十字会并任中国红十字会首任会长；是张裕葡萄酒公司的创办者。张之洞对他的评价：“可联南北，可联中外，可联官商。”

52分钟前　　来自微历史　　转发(188) | 评论(25) 52分钟前

盛宣怀名片

身着洋装的盛宣怀

微 - 盛宣怀在家中兄弟六人中，排行老大，属于盛家的“怀”字辈。他的二弟盛俊怀、三弟盛廷怀和四弟盛寰怀都不幸早夭。五弟盛星怀候选知府，不幸于甲午战争的朝鲜战役中遇难。六弟盛善怀也英年早逝。可以说，盛家兄弟六人中，只有盛宣怀一枝独秀，不但长命百岁，多子多孙，而且一生官运亨通。

微 - 科举落第是盛宣怀一生三大憾事之首。1866年，盛宣怀和弟弟从湖北回到常州，准备参加童子试。结果兄弟二人一同考中秀才，这相当于初中毕业了。可是随后在1867年、1873年、1876年三次乡试中，他都榜上无名。这就使得他在进士遍野的封建官场中见人矮上三分。

微 -1916年4月27日，在全国一片“倒袁”（反对袁世凯）的呼声中，盛宣怀在静安寺路老公馆呼出了最后一口气。不久，他的老对头袁世凯也魂归九泉。对于盛宣怀之死，招商局下半旗三天以示哀悼。盛宣怀的一生，可以说是疲惫、焦虑而又光彩四射的一生。《民国日报》曾发表评论，说“盛固一世之雄也”，其在世时创办了轮船、电报、钢铁等一系列的富强要政，还说这位中国最大的富翁创办的汉冶萍公司资产已达两千万元。

微 -1897年5月27日，中国第一家自办银行——中国通商银行在盛宣怀的极力斡旋下成立。在不到一年的时间内，通商银行先后开办了七个分行，遍布天津、汉口、广州、汕头、烟台、镇江和北京等城市。两年后，该银行的结账周期已达到六个月一次，除正常开销外，股商已获利四十万两白银，户部也获得十万两利银……此时，开办于上海的汇丰银行已经有三十多年的历史，英商丽如银行已经有五十二年的历史。

微 -1917 年 11 月 18 日这一天是冬至，盛宣怀的灵柩在遵照其家乡的风俗在老公馆停放一年半后举办出殡仪式。对于这次盛典，《申报》和《民国日报》均以大幅版面加以报道。《民国日报》刊文称，相比于一个月前冷冷清清的国庆纪念，盛宣怀的出殡仪式却万人空巷，人头攒动，国人不知为何竟“轻视国庆而重视一人之丧如此”！

盛宣怀葬礼

杨宗濂，无锡人，曾为曾国藩幕僚，官至山西布政使

微－说起盛宣怀进入李鸿章的幕府，还要感谢杨宗濂，是他在其中起到了至关重要的作用。杨宗濂之父杨延俊和李鸿章不但是同年的举人、进士，而且在考进士的时候，二人还在同一个考场。当时第一场考试后，李鸿章突发疾病，是同一考场的杨延俊为他熬煮汤药，直至三场考试结束，二人才“挟掖出闱，遂同捷南宫”。此后两人又同时金榜题名，因此交情之深厚自不必说。

唐廷枢，著名实业家，中国买办第一人

微－盛宣怀精心构思了中国轮船公司的发展蓝图。当时李鸿章出于对资金的考虑，在关于轮船招商局的正式建立问题上，没有将主管一职交由盛宣怀，却想办法将上海怡和洋行的买办唐廷枢挖来，让他担任招商局总办一职。同时，李鸿章让宝顺洋行的买办徐润担任会办一职。至于盛宣怀，也是个会办，和徐润平级。

轮船招商局

徐润

天津电报局

微-1880年秋，盛宣怀受李鸿章任命，开始创办电报事业。在盛宣怀的主持下，中国电报局以“遏洋线进内地”“分洋商之利”的原则，在数年中就有了很大的发展，“电报商线纵横数万里，设局百数十处”。“一气呵成”的电线网络，在国内覆盖面极大，几乎覆盖全国；在边境地区，又和国外的线路相通，为清王朝政治、外交、商务的发展起到了相当重要的作用，当然，军事上的作用更是不可估量。

微-1900年是庚子年，这一年是百年来中国历史上最“热闹”的年头之一。当时，北方义和团纷起，冲天的火光充斥在北京城里，庄王府前动辄上千人于此丧命。义和团以风卷残云之势将凝聚着盛宣怀心血的电报、铁路等设施摧毁得乱七八糟。在此危急时刻，盛宣怀凭着自己官商的身份，在长江以南不动声色地看着这场席卷江北地区的战火燃烧，不惜“抗旨”使江南地区免遭战火蹂躏。

微－在李鸿章的心目中，袁世凯和盛宣怀二人都是他的得意门生，但前者令其欣赏之处是在政治上，后者则在经济上。事实上，这两人也的确在相关的领域发挥了他们的专长。袁世凯虽然具备驾驭北方局势的能力，但他缺少敛财的本领，这阻碍了他小站练兵、培养党羽、结交势力。于是，他对盛宣怀手里的实业十分眼红，总想从盛宣怀那里捞一点儿。因此，这二人虽然没明着争斗，但暗地里却各怀心思，互相防备。

作为李鸿章的左膀右臂，盛宣怀被派去解决吴淞铁路纠纷问题

天津，被美军骑兵 6 师捕获的义和团

微 -1900 年 6 月 21 日，慈禧懿旨一下，中国同时向十一国列强宣战。诏令下达的当天，张之洞等人皆对慈禧的命令持反对意见，李鸿章甚至公开和慈禧唱反调，致电盛宣怀，叮嘱他："乱命不可从之！"盛宣怀比之其师更是有过之而无不及，他一方面飞书各地，声称这道旨意是假的，是被义和团把持下的朝廷下达的，大家不可执行这个命令；另一方面，他还私下给各地督抚发密电，让他们对朝廷的这道命令不要声张，不要转发，更不要执行，否则会引起形势剧变。

微 - 想当初，盛宣怀首次办铁路，并不是人们想象中的修铁路，却是拆铁路。当时，英国怡和洋行没经清政府允许就在上海修了一条吴淞铁路。清廷对此非常恼怒，命令李鸿章马上处理。李鸿将此事交付盛宣怀处理，让他去面对号称“洋行之王”的怡和洋行。于是盛宣怀本着恩师“先用钱买下来，再拆掉”的原则，开始了平生第一次“修”铁路。

微 –1903年底，清政府实行开放铁路修筑权政策，其实是在变相地削弱盛怀宣的权力。此后，各省纷纷设立了自己的铁路公司。面对这种境况，盛怀宣经过反复思考，最终意识到问题的根本在北京。他意识到自己只顾拼命工作，没有及时观察朝廷里的情况，更没有及时“运动”。于是他就将自己的亲信，同时还是同乡的实业家兼藏书家陶湘派去长驻北京，任命他为芦汉铁路北路养路处机器总厂总办、芦汉铁路全路行车副监督，为他探听京中的情况，及时把情报传给他。

微 – 身为盛氏的心腹干将，陶湘自从长驻北京后，就不断用密电和密信向盛宣怀汇报京中的情况。遇到特别机密的情报，他就派专人送信回上海。为谨慎起见，在发给盛宣怀的信中，陶湘用古代人名代替朝廷大员的姓名，如用“青莲”指代李莲英，用“三藏”指代唐绍仪，用“卧雪轩”指代袁世凯，用“青公炉房”指代李莲英开的银号，用“段干木”指代段芝贵……如此诡秘的信件，令九十多年后的当代人读起来一头雾水。

微 – 为了帮盛宣怀更好地打通上层的关系，陶湘详细地了解了宫中皇亲近臣的生日，以便提醒盛宣怀到时送礼。如他在信中这样说：“11 月 23 日是王中堂的生辰，已定局，唱戏三天，礼可送可不送。今年是胡云楣六十九岁生辰，正日子是腊月十六，现在决定提前一个月做寿，确定唱三天戏。既然和您关系熟络，你人还不在京城，不送也没关系。不过，庆亲王奕劻的生日是二月二十九日，振贝子的生日是三月初四，这两人的生辰礼是一定要送的。”

微 – 当初李鸿章在北上和八国联军签订条约前，曾要求盛宣怀襄助。盛宣怀就说先要听取一下自己的老父亲盛康的意见。此时，盛康虽然已经退居苏州留园养老多年，但对时局却了解得清清楚楚。盛康给儿子的建议是“时局如斯，宜退不宜进，汝其审之”。于是盛宣怀就以自己的父亲不允许去为借口，拒绝了老上司李鸿章。

微 –1912 年，元气大伤的盛宣怀回国了。此时，他创办的汉冶萍虽然得以保全，但盛家的产业还没还给他。于是他只好请老亲家孙宝琦向大总统袁世凯求情。为此，他不得不把自己在府学胡同的大花园洋房出让给了袁。

微 – 孙宝琦由于为官时清廉刚正，没有刻意地为自己敛财，民国后，他又多次辞官不做，加上家中人口多，后来生活就比较困难，经常捉襟见肘。因此，每逢他辞职离京，朋友和老部下就主动为他操办路费和行李。他在最后一次辞官南归后，发现杭州的祖宅因为年久失修已经无法居住，于是不得不借住到上海哈同花园里，一直到去世。当初他举家离京返乡时，实在付不起房租。房东是参与修建北海的工程师，因仰慕他的为人，就不准备要他的房租了。孙宝琦内心愧疚，就将原来从法国带回给女儿学习的两架钢琴送给对方，作为谢礼。

孙宝琦

微－盛宣怀的亲家孙宝琦有二十四个儿女，其中儿子八个，女儿十六个。而孙宝琦的亲家、身为“洪宪皇帝”的袁世凯有十三房太太，生了三十二个儿女，其中儿子十七个，女儿十五个。湖广总督李瀚章是李鸿章的大哥，他有六房太太，这六房太太为他生下二十一个儿女，其中儿子十一个，女儿十个。过去在上海新客站附近住着一个叫朱幼鸿的富商，他是我国第一代私营棉纺业老板，人送绰号“叉袋角朱家”。朱家也是人丁兴旺，只男丁就可以从朱一一直排到朱三十二。排在最后的朱三十二是当代作曲家朱践耳，他就是《唱支山歌给党听》《接过雷锋的枪》的作曲者。

微－当初，南京政府将向日本借款和应对日本提出的关于中日合办汉冶萍的问题交给盛宣怀处理。由于政府在这个问题上态度前后不一致，忽而要合资，忽而要独资，于是身为中间人的盛宣怀备尝里外不是人的滋味。

微 – 盛宣怀个人出资，拿出十二万两白银请上海德国商人开办的荣华商行，为紫禁城内和颐和园都安装上了电灯。

微 – 从 1911 年底到 1914 年底，盛宣怀不停地想办法“讨回”自家的产业，为此，在整三年的时间里，他前后花费了五十万两银子。然而，结果并不如人愿，直到 1914 年底，才收回了义庄、田房、公产，“尚有典当九处，闻已浸渔过半，即使收回，亦无实际，仅免没收恶名耳”。没想到，将这些家产收回一年半后，盛宣怀就溘然长逝了。一生办实业的盛宣怀根本没有想到，自己在人生最后几年的生活，过得就像乞丐一样，不得不靠到处乞讨为生。

微 – 在七位夫人中，盛宣怀最宠爱刁夫人。这位刁夫人心地善良，为人乐善好施，“寒者衣之，饥者食之，无衣者周之，历久不倦”。因此在她去世的时候，“东海贫民以至于乞丐，皆长跪塞途痛哭失声，盖感之深者”。

微 – 刁夫人出身青楼，是盛宣怀为她赎的身。她来到盛家的时候，董夫人还在世。因为聪明伶俐，十分能干，加上对长辈和董夫人谦恭有礼，她深得府内人心。董夫人也很喜欢她，不但不嫉妒她得宠，还待她如妹妹。后来，董夫人和她“分工”明确，前者坐镇府中，为盛宣怀守住

大本营，生儿育女，是“压寨夫人”；后者跟随盛宣怀左右，服侍他的生活起居，成了他的“外勤夫人”。

董康，江苏武进人（今常州人），官至户部郎中

微－身为旧时官场上的达官贵人，盛宣怀和其他人一样，妻妾成群。他一生共娶了七房太太。出身于青果巷里的大户人家的董婉贞是他的常州同乡，也是他的原配夫人。其本家堂弟就是在中国现代史上颇有盛名的司法界名人董康，盛家毓字辈后代以舅公称呼他。董康此人一生颇有建树，他不但做过法律学校的校长，还曾为了将实用的西洋书籍介绍到国内，和赵元益创办译书公会。当时上海的《时务报》就是他和梁启超创办的。作为著名的收藏家，他不惜花费重金于日本购回一批国内已经失传的珍籍秘本。晚年的时候，他因为担任敌伪时期的司法部长，在抗战胜利后被国民党逮捕，死于狱中。

微－世人对刁夫人的评价极高，不但盛宣怀的其他六位妻妾无法与之相比，就连盛氏家族中所有的夫人、太夫人，也没法和她相比。在盛宣怀创业初期，刁夫人几乎是他的倚靠。每逢盛宣怀遇到问题，只要刁夫人出面问题就能迎刃而解，可谓“手到病除”。

微－刁夫人去世后，庄氏入门。不过，庄氏比较严肃，平时不苟言笑，为人比较严厉。一旦家中有大事发生，她一定亲自处理。辛亥革命爆发时，盛宣怀逃亡日本达十个月。当时上海局势混乱，庄氏一手支撑了盛家内外事务，这是庄氏处理的最重要的两件大事之一。第二件大事发生在盛宣怀去世后。盛宣怀去世后的十年间，面对世态炎凉，面对生活中的惊涛骇浪，庄夫人凭着以一当百的能力，统筹全局，使得盛家的财产在她去世时（1927 年）仍能维持在一千万两银子的数额。

微 – 庄夫人嫁入盛家后，盛宣怀不断升迁，官职越来越大，可谓仕途顺畅。同时，盛家的财产也越积越多。到辛亥革命前夕，盛家在外还相当风光。这段足有二十年的风光日子或和庄夫人的“帮夫运”有关。

微 – 盛宣怀的七女儿盛爱颐是庄夫人所生。当初一表人才的宋子文从美国留学归来，其长姐宋霭龄将他引荐给盛老四盛恩颐，做了盛恩颐的英文秘书。盛爱颐对宋子文一见钟情，庄夫人对他的第一印象也很好。后来，庄夫人从大管家李朴臣那里得知宋家是广东人，信奉基督教，宋子文的父亲是教堂里拉洋琴的，考虑到两家门户不相当，便对两人的交往持反对意见。

盛宣怀第七个女儿盛爱颐

微 –1928 年 6 月，为了争夺家产，七小姐盛爱颐与自己的三个哥哥盛恩颐、盛重颐、盛昇颐和两个侄子盛毓常、盛毓邮对簿公堂。9 月 5 日，这桩历史上第一件女权案开庭审理。当日盛况空前，此事不但引起全社会的关注，还引起法律界的高度重视。开庭当日，旁听者众多，江一平、詹纪凤等名律师也到庭旁听。

张乐怡，庐山人，父亲为闻名九江、庐山的建筑企业老板张谋之

微－1923 年 2 月，孙中山在广州建立革命政权。宋子文在二姐宋庆龄的引荐下，投到孙中山麾下，从此步入政坛。当时孙中山催促宋子文尽快到广州帮自己处理事务，宋子文就想劝七小姐盛爱颐与自己同行。从小娇生惯养的盛爱颐离不开母亲，更离不开盛公馆的优越生活，最后以一把金叶子（金质的树叶造型的礼金）为宋子文送行。当时上流社会送人金叶子作为礼金，比直接送人钞票显得高雅些。七小姐知道宋子文经济上并不宽裕，送他金叶子是给他做路费的。宋子文对盛爱颐深表感谢，并言明这些金叶子算是自己借用。1930 年，宋子文回到上海，此时张乐怡夫人已经陪在他身边。

盛恩颐

微－盛老四（盛恩颐）是庄夫人的亲生儿子，他花钱的“豪举”在上海滩是出了名的。上海滩进口的第一部德国奔驰牌轿车，就是他买的。为了显山露水，他把方向盘换成了银的，上面刻上自己的名字（第一号汽车牌照的拥有者、宁波房地产巨商周莲塘的二儿子周纯卿，买下豪车之后，也把方向盘和车灯换掉，连牌照也是自己设计的）。他的汽车租界牌照是 4444，中国牌照是 4，与他排行老四吻合。

微－盛恩颐的原配夫人是民国总理孙宝琦的大女儿

孙用慧。由于从小就随父亲在英法等国生活，孙用慧说得一口流利的英语。清朝末年，她还和三妹一起奉诏进宫为慈禧当口语翻译。孙用慧才貌双全，做事果断，为人正直忠厚，非常像她的父亲。她之所以能成为盛家的儿媳，也是盛宣怀用心谋算的结果。盛宣怀在京为官时，为了接近袁世凯，就想找一个能和袁世凯说上话的亲家。同时，他又想，将儿子送出国留学，儿子的身边就需要有一个不但能干而且懂英语的太太陪伴。就这样，孙府大小姐孙用慧进入了盛宣怀的视野。嫁入盛府的孙用慧无法接受盛老四在府外的“小公馆”，为此特意请人为丈夫算命，想知道什么时候盛老四才能不惹那些“烂桃花”。结果她大失所望。因为算命的告诉她，盛老四终其一生都将“桃花”不断。无奈之下，孙夫人只好就此作罢。

微 – 除了孙夫人外，八太太鉴冰在盛老四的太太中是最具知名度的。八太太本姓金，住在静安寺附近的一幢三层洋房里。五四时期，身为妙龄少女且极富爱国热情的八太太积极参加组织“青楼救国团”且大显身手，因而在会乐里一带颇有名气。

盛老四孙用慧夫妇

微 – 清末扬州大盐商周扶九的第三个孙子周孳田，人送绰号“周三”，与盛老四关系最密切，是他最好的朋友。时人以“周三盛四”称呼他们。此二人是当时上海滩上的一对活宝，每逢出行，他们的身边总有一大群人前呼后拥，行动起来风驰电掣，可谓风光无限。

微－周三周孳田喜欢买车，早在十几岁时就背着他的祖父向财房要钱买车。账房投其所好，无论他所要数额大小，一概满足。同时，打着自己的小算盘的财房无论什么开支，都算在他的头上，可谓利用他发了财。周三为他的每个姨太太买了一辆车，前后共买了十二辆进口轿车。他还在跑马厅养了二十匹马，真是花钱如流水。比之周三，盛四更是大手笔，他不但为每个姨太太配上一部进口轿车，而且还为她们每人各配一幢花园洋房，附带一群男仆女佣……最牛的时候，盛四在跑马场养了七十五匹马。他曾在赌场把北京路、黄河路一带有着一百多幢房子的弄堂，整个儿输给原浙江总督卢永祥的儿子卢小嘉，创下自己在赌场的“最高纪录”。

微－曾有一个牌友这样描述盛老四的生活：“盛老四白天睡觉，一直睡到下午四五点才起床。起床后，他如果发现有事要用钱，家里的现钱不够，而银行已经关门，就随便从家中拿一件古董玩意儿到当铺当来钱用。第二天银行营业后，他就派人到当铺再把古董赎回来。可以说，当铺差不多成了他的第二个银行。”

微－晚年的盛老四穷困潦倒。有时候，李鸿章的儿子李经方之子李厚甫和他在街上遛弯儿。他们在一家大饼油条店解决早餐后，继续往前就是襄阳公园。两人想进公园坐一会儿，可无论谁也拿不出买门票的钱了。

微 – 盛老三盛文颐是盛宣怀的堂侄。抗战期间，此人成为日本人羽翼下的上海滩“烟毒霸”。此外，臭名昭著地“统筹”了整个沦陷区食盐买卖的“裕华盐业公司”的头头也是他。因为他管着黑白两道的这两大肥差，因此得了一个绰号“黑白大王”。

微 – 平时，盛老三身边只有一个如夫人陪伴着。这个如夫人常常手戴一枚重达二十八克拉的大钻戒四处炫耀。

微 – 盛重颐是盛宣怀的第五个儿子。抗战期间，盛重颐没有去重庆，在上海的行为又涉嫌亲日，因此在抗战胜利后，国民党以汉奸罪没收了他的整幢花园洋房。无奈之下，盛重颐就请妹妹盛关颐到宋子文那儿替自己求情。虽然盛关颐和宋子文有过一段感情，但对此事也颇感为难。最后，盛关颐到宋美龄面前哭诉。宋美龄耍了一个小手腕，让盛关颐到盛重颐的房子中去住。在平息外界的舆论后，盛老五就顺理成章地收回了自己的房子。后来宋蔼龄在自己房子装修时，也到这里借住过一段时间。

盛关颐（中）、盛爱颐（右）、盛方颐（左）

微 – 苏州彭氏是盛老五的原配夫人。彭夫人长得极美，但最后不知为何和盛老五闹了离婚。盛老五的另一位太太是当年上海滩赫赫有名的“绿牡丹”陆琴。辛亥革命时，陆琴是上海沪军都督陈其美的小妾。二人结婚后，起初恩爱非常，还生了一个叫鸣玉的女儿，她也给盛老五惹下过大麻烦，因为虐待丫鬟致死而背上恶名。

微 –“绿牡丹”陆琴在生前曾说，自己过着全中国人中最好的生活，她穿的内衣、用的毛巾等都属于“一次性”用品，首饰更是数不胜数。陆琴对孩子们很慷慨，每年过节时都给他们每人一大把压岁钱，因此很受孩子们喜欢。

微 –20 世纪 50 年代，陆琴回到上海清理自己的房地产，随后去了香港。不过，她到香港不久就生活落魄了。她的女儿在开始上大学的时候，条件优越，出门乘坐的都是小汽车，等大学毕业的时候，就只能乘坐大客车了。她的女儿最后做到前港督府的二等秘书和新闻署的总管，她的丈夫是香港颇具名望的建筑设计师。

微 – 盛重颐此人非常“花心”，即便生活潦倒不堪，也风流依旧。最后，他甚至连陆琴也不喜欢了，和自己的一个外甥女生活在一起。等他一死，这个外甥女就跑到台湾做了别人家的用人。

微 – 在老上海人心目中，盛家公子们都多金、多女人，好赌却不擅赌。因此，盛家老太爷留给他们的遗产就可想而知去了哪里。

微 – 东华足球队在昔日的上海相当有名，曾于 20

世纪 30 年代创下辉煌的战绩：1933 年，这支球队远征菲律宾，创下六战五胜一平的佳绩；1934 年，这支球队参加“西联会”(即上海足球联合会)举办的比赛，拿走了五项主要锦标中的四项第一，从而创下一个球队夺锦的空前纪录；1935 和 1936 年，这支球队又参加“史考托杯”赛，在和洋人的对垒中连续获得两届冠军……在历史上，这支足球队崛起的时期被称为“上海足球史上第二个黄金时代”。也是这支足球队使得上海一跃成为远东足球重镇。世称盛老七的盛宣怀的七儿子盛昇颐(萍臣)就是这支球队的老板。

微 – 有了孔祥熙、宋蔼龄的提携，盛老七的官越做越大，成了盛家第二代中最能干的人。抗战前，他担任国民党苏浙皖统税局局长，江南一带的税收大权被他把持，人送绰号“财神老爷”。

微 – 和中国红十字会创始人吕海寰的女儿离婚后，盛老七就娶了上海名妓“白牡丹”。这个“白牡丹”虽然出身青楼，却拥有女大学生的风度，在上海滩的社交界极负盛名，因此极受盛老七喜爱。一次，盛老七带着“白牡丹”去给孔家公子孔令侃介绍女朋友。没想到，孔公子竟然看中了“白牡丹”，盛老七虽然后悔不迭，但也不得不将“白牡丹”出让。不过，幸运的是，孔家公子对“白牡丹”动了真情，直到其八十多岁时，孔公子还在香港的香炉山买了一幢房子，供她养老用。

微－盛家八小姐盛方颐和江西的彭七彭震鸣结婚后，将“87”作为他们的私人轿车的号码。这个号码指的就是盛方颐和彭震鸣在家的排行。

微－盛宣怀的四女儿盛樨蕙结婚时，盛家陪送了一百万块银元，这还不算其他金银首饰。盛樨蕙嫁入邵家后，公婆对她百依百顺。据邵家人说，盛樨蕙在玩儿麻将时，身边会放着一个装满了金刚钻的精致的景泰蓝小罐子。一旦自己输了，她就用小罐子里的金刚钻付赌资。

微－除了盛家外，袁世凯和许多皇朝贵族、京卿大吏也是孙宝琦的亲家。当初庆亲王奕劻主动提出和孙宝琦结为儿女亲家，孙宝琦被吓得半死，推辞说：“我可不敢将女儿嫁与贵府公子，我办不起嫁妆呀。”奕劻体谅地说自己会准备好东西，晚上送到他的府上，等新媳妇过门时再带回来。

微－20 世纪 30 年代，盛家四小姐的长子邵洵美在中国文坛上享有“孟尝君”的美誉。他之所以得此美名，皆因其肯为文艺和朋友花钱，甚至为出版书刊卖房卖地。也因为这个原因，邵洵美到后来“车子越坐越大，房子越住越小”。

微－1929 年，邵洵美将全部精力投入到新月书店。此时，胡适、林语堂、沈从文、梁实秋、卞之琳等都是新月派的成员。这段时期，新月派出版了《论语》《诗刊》《新月》杂志。

微 – 邵洵美曾说：“你觉得我是一个什么样的人？是个浪荡子、财迷、书生，还是官迷、悍不畏死的英雄？全不对，我就是个天生的诗人。”

微 – 邵洵美的鼻梁长得和古罗马雕塑人物的很像，他说起英语来不但流利而且幽默。1936 年，邵洵美在“上海国际艺术俱乐部”主办的一次晚宴上认识了美国女作家项美丽。项美丽对他一见钟情，为他所俘虏。

微 – 抗战时期，为了撰写《宋氏三姐妹》，项美丽请邵洵美陪自己去重庆和香港，将自己引荐给相关的人员。但在香港期间，项美丽却嫁给了另一个男人，而且还为对方生了孩子。

微 – 邵洵美喜穿长衫，跳西式舞，舞姿如同“公羊之鹤”。因为他的肤色苍白，因此每逢出门，他都要薄施脂胭，并说自己这是学唐朝人的样子。他喜欢画画，喜欢收藏书籍，还爱好文学，所以他经常在自己的豪宅里举办文学沙龙，来参加沙龙的人众多。他还爱作诗，而且要将诗写在没格子的白纸上。他的字迹洁净秀丽，写在白纸上的诗句行列清晰，大小匀称，甚至可以直接付印。

微 – 邵洵美、徐悲鸿、谢寿康、张道藩四人志趣相投，为此结为把兄弟。谢寿康年龄最大，是老大，徐悲鸿是老二，张道藩是老三，还不到二十岁的邵洵美是四弟。他们还组织留学生创办了“天狗会”。

微－邵式军是盛宣怀的外孙，他在复旦大学读书时认识了蒋冬荣。蒋冬荣是民国初期浙江督军蒋百器的千金。不久二人就开始谈婚论嫁。按照当时上海社会的婚俗，结婚前，邵家要向蒋家送聘礼，这些聘礼应该是一些价值不菲的首饰。可是此时的邵家已经捉襟见肘，不可能拿出像样的聘礼。因为蒋冬荣一定要嫁给邵式军，于是蒋家只好提前偷偷将一批首饰送到邵家，第二天再由邵家堂而皇之地送到蒋府，以此挽回自己的面子。为此，婚后邵式军对太太言听计从。

微－身高只有一米五的蒋冬荣心眼很多，处事果断，是其夫邵式军的军师。家中每逢来了重要的客人，她就躲到隔壁房间“旁听”。如果是难办的事情，邵式军就先搪塞对方，此时家中的侍从就会进来说太太有要紧的事情请他去一下。此时邵式军就借机抽身而出，到隔壁听夫人面授机宜，然后他就成竹在胸地去应对客人了。

微－汪伪时期的上海有两个名气很大的大财主，就连汪精卫和周佛海都要卖这两人三分面子。此二人就是盛宣怀的堂侄盛老三和盛宣怀的亲外孙邵式军（盛家四小姐盛樨蕙的五儿子）。

- 微 -

现代吕不韦：张静江、张石铭家族

南浔张氏家族是中国近现代史上的一部传奇。张静江便是这众多传奇中的一个。他是二十世纪初江浙财团的四大亨之一，是国民党“四大元老”之一，他被称为“现代的吕不韦”。孙中山称他为“二哥”、蒋介石称他为“导师”、毛泽东称他是“最有眼光”的人。

52分钟前　　来自微历史　　转发(188) | 评论(25) 52分钟前

微－安徽休宁是著名的徽商所在地，张静江的祖籍就是这里。张家是在清康熙年间才到南浔这块风水宝地落户的。另外还有人说，张家的祖先原来住在福建，后来不知在哪个年代，张家嫁进来一个从高加索来的犹太女人。结果张家的血统中从此有了犹太人的遗传基因。张家大多数人都很有经济头脑，擅长做生意，似乎就是因为其血统中有犹太人的基因。据说那位犹太太太也位列原来设在福州市的张家祠堂中。

微－虽然张家有做生意的传统，但在张颂贤的曾祖父张振先和祖父张秀升那辈人时，张家人只不过是以弹棉花为生的手工业者。张家开始做小本生意始于张颂贤的父亲张维岳那一代。不过，当时做的小本生意不过是开个小糕团店、小酱盐店之类。

微－南浔人依据发了财的富户家财的多少，把当地的富户划分为“大象”“牛”和“小黄狗”三种。如此一来，南浔镇上竟有“四象八牛七十二条小黄狗”。倘若一富户家财达一百万两银子，或许在别处的人眼里是百万富翁，但在南浔人眼中，只是“小黄狗”；能被南浔人称为“大象”的富户，其家财一定要达到一千万两银子。这种说法体现了南浔人独特的幽默。

微－张姓家族可以称得上革命加实业型的大族。唯一例外的是大房。学术和艺术氛围充满了这一房。张弁群、张乃燕、张泽琳是大房的三代人，他们都是从事教育事业的，而且三人都做过校长。不同之处在于，张弁群办的是小学，其子张乃燕办的是大学，其孙张泽琳则是中学校长。

微 – 太平天国运动爆发时，张颂贤三十来岁。当时的人认为大清朝气数已尽，都认为“盐票”不过是废纸。唯独张颂贤独具慧眼，认为食盐是老百姓生活的必需品，从来都是国家专营，老百姓是不允许经营的，虽然“盐票”现在不值钱，但是将来一定有大用处。于是他就买进了朱家的十万盐票。由此才产生了张恒源盐号，也让张家在单纯的丝业经营之外，开始做起了盐号的生意。

微 – 张颂贤的二儿子张宝善娶了庞云的女儿（张静江之母）。庞云是商业兼营军火的特殊商人，庞家是南浔的另一头“大象”。

微 – 庞云（1833—1889）从十五岁开始就在后来被南浔人称为“八牛”之一的陈熙元的陈裕昌丝行做学徒。出师后，他就开始经营小成本的贩运生意，最后家财累积，终于成为“大象”。在上海经营蚕丝的时候，庞云和杭州的“红顶商人”胡雪岩相识，进而成为莫逆之交。在胡雪岩的帮助下，庞云在南浔开设了庞滋德国药号，和胡庆余堂挂钩，开设药栈和制药工厂；胡雪岩则在庞云的帮助下在上海做蚕丝生意。此二人合作，取长补短，情投意合。

微 –19 世纪末 20 世纪初，当时国内各大城市的消防设施还比较落后。此时，南浔出现了一支救火队。这支救火队就是后来浙江消防史上有名的张恒和“小洋龙”，其创建人是张宝善。当时，救火队的灭火器材是张宝善花巨资从国外进口的，救火队的十来个成员则是他从自己家的木匠中挑选出来的。除了救火队的成员，张宝善还让自己的儿子们也参加救火演习，张家老四张墨耕就是这支救火队的领队。

微 – 张家在南浔的祖宅就是张家东号的老宅尊德堂。这所宅院特别朴素，没有任何修饰，只在门额上刻有“张静江故居”几个大字，这是当年陈立夫题的。孙中山亲笔所写的“满堂花醉三千客，一剑霜寒四十州”对联挂在正厅。

微 – 张静江在家乡被称为二先生，原因是他在家排行第二。张静江深得祖父张颂贤的喜爱，因为他认为张静江的“八字”好，将来必成大器。不过遗憾的是，按“五行”来说，张静江的命中缺水，注定他要一生苦于奔波，因此张颂贤就依据张家祖上为东号规定的谱系“鸿宝增乃泽”，在为张静江这个“增”字辈的孙子取名时，刻意为其取名“增澄”，为的就是为他增加“水分”。又为了减少他一生的奔波，张颂贤将“静江”两字作为这个孙子的表字。不过，张静江一生中最重要的几件事，恰巧都和水有联系，而且越是“增澄”就越是风波不定。

微－张静江与陈立夫之间有很深的渊源。首先，张静江和陈立夫、陈果夫兄弟的叔叔陈其美同属于同盟会的核心成员、民国的元老，又是把兄弟、换头朋友。于是，他和陈立夫二人就不但是同乡、同党、同事，而且还有一层哥们儿圈内的叔侄关系。同时，张静江和陈立夫的大哥陈果夫曾于 20 世纪 20 年代初在上海金融界大肆活动，两人协手在证券交易所里呼风唤雨。

张静江

微－当初为了料理家族企业，张宝善没办法顾及学业，所以后来他就极力主张自己的儿子们读书成才，不但要读古书，还要出国读洋书。在他的鼓励下，张弁群、张静江、张澹如、张墨耕、张让之、张久香、张镜芙这七兄弟大都出过洋。不过，有的人是出国读书，有的人是出国考察，有的人则是出国做生意。

微－老大张弁群在法国一住多年，有人说是十年。在法国期间，他一面治疗眼疾，一面考察法国的教育。1906 年，他回国后就在南浔创办了正蒙学社和浔溪女学，还聘请了女侠秋瑾来校任教。

微－老五张让之一直喜欢摆弄各种家用小电器，组装制作这种家用小电器对他来说，更是轻而易举的事。他和他的第一位夫人感情特别深厚，以至于在这位夫人去世后，他怎么也不相信妻子再也不会醒来，因为担心她醒来时找不到自己，还在妻子的棺材里安装了一部电话。

微－张乃辛是华盛顿州立大学新闻系的毕业生，当过记者，还在西北航空公司做过公关工作。他曾在美国排名前五名的大股票公司担任经纪人。海湾战争爆发时，大家都急于抛出股票，而他偏偏买进股票。战争骤然结束后，他买的股票飞涨！他像他的祖先张颂贤老太爷一样，一夜间发了大财。

微－1907 年，张石铭在南浔修建了一座规模宏大的适园。因为这座园子，张石铭为自己起别号为“适园主人”。这座适园内有用于收藏的六宜阁，其中藏书十万余卷，这里面有四十五部珍贵的宋刊本，五十七部元刊本，还有四百六十部名人稿本抄本，最可贵的是，张石铭还收藏了乾隆嘉庆道光时期最著名的收藏家黄丕烈校跋过的“黄跋本”。他和儿子收藏黄跋本达一百零一部，远超北方第一藏书家山东聊城杨氏海源阁所藏的九十九部。

微－缪荃孙（1844—1919）比张石铭大二十多岁。1911 年 10 月，缪荃孙避居上海，专门写书，进行目录学研究。1912 年，他和张石铭相识，此后二人成为莫逆之交。二人关系之密切可以从缪荃孙的日记和一些书信中看出。缪荃孙帮张石铭整理并代为编纂了《适园藏书志》，这是他为张石铭做的最有意义的一件事。1916 年，这部藏书志出版，其中著录了张石铭当时的大部分珍贵藏书。

微 - 桂太夫人是张石铭的母亲，当初她患了牙疼病，常请牙医徐智芬到家中看牙。日子久了，两人就聊起了家常。这位徐牙医说因为外国人的炒作，上海的地皮价格一年比一年高，以后肯定会更高，建议她不如用手里的闲钱到上海买些地皮放着。桂太夫人和徐氏夫人商量后，觉得徐牙医的话很有道理，而且她们看到邻居小莲庄刘家也在上海买了地皮。据说后来桂夫人专门请了一位风水先生帮她到上海看风水。那位风水先生在上海东走西看，最后为她相中了一座垃圾场。桂太夫人用很少的钱将这座垃圾场买了下来。因为这座垃圾场位于从外滩到西藏路的一条名叫洋泾浜的河旁边，结果在桂太夫人买下垃圾场的次年，爱多亚路筑成，两边地价飞涨，桂太夫人手中的那块地就是日后闻名十里洋场的大世界。

图为晚清的北京集市

微 –1925 年 8 月，张石铭在上海被绑票。本身就是浙江兴业银行股东的张家，特意让账房使用浙江兴业银行的连号新钞票付赎金。同时，张家私下联络了巡捕房，追踪这批连号钞票的流通情况。最后得知，绑架张石铭的人原来是张松涛。此人是“海上闻人”杜月笙手下的干将，也是杜月笙的大弟子，汉口路西藏路一带的扬子饭店、皇后大戏院就是他办的。巡捕房不愿意得罪杜月笙，这个案子最后只好不了了之。

微 – 身为国民党“四大元老”的张静江被人称为“张跷子”。原来在一次救火时，张静江不慎把腿摔瘸了。后来在法国生活期间，他过着糜烂的生活，经常出入妓院，为此染上了花柳病。结果治病时又遇上了一个庸医，伤了坐骨神经，后来竟然半身不遂了。

坐着的张静江

微 – 谢茂松是张石铭的老仆人，曾经是云南路张家的房产裕德里管里弄的看门人。此人得知张石铭去世的消息后，悲痛欲绝，最后在张石铭出殡那天自缢，追随老主人而去。

微 –1894 年，一艘从南浔到上海的船突遭打头风，被卷入大浪中。张静江就在这艘船上。在情况万分危急的时刻，张静江竟然爬到了船的顶篷，最后在船主救助下才脱险。当他发现沉船中仍有一些人在挣扎时，马上大声说："救出一人，赏一百块大洋！"结果落水的人都被救，而张静江也如数兑现赏银。此后为了感谢船主的救命之恩，张静江每年过年都要给这位船主两百块大洋，一直持续到 1902 年他远赴法国。

微 – 张静江的岳丈姚菊岐，字丙然，苏州人氏，前清翰林，山东学台。光绪二十八年（1902 年），经他牵线，张静江得到了一个千载难逢的好机会——作为随员跟随清廷驻法国公使孙宝琦出使法国。

微 – 姚菊岐是晚清高阳相国、军机大臣李鸿藻的门生。身为北京工艺局总办兼英文学校校长的黄思永也是李鸿藻的门生，而且两人还是同年。有一年，张静江随同岳丈姚菊岐去黄思永府上做客，在宴席上认识了黄氏父子和李鸿藻的儿子李石曾（煜瀛）。原本张静江和李石曾二人一南一北，相隔万里，根本不可能有交集，结果此次相识后，二人一见如故，连对时局和政治的看法也非常相似。

微 –1903 年，在父亲的支持下，张静江在法国巴黎办起了著名的通运公司，这其实是一家独资的商行。该公司位于巴黎马德兰广场 4 号。此举开辟了中国人做法国人生意的先河。

微 – 张静江在法国期间，曾靠倒卖文物和艺术品发了一笔横财。一次，他的手下在山西某地花十块银元买了一个宋代的瓷钵。之后这个瓷钵被运到法国以一万美金售出。还有一次，他在国内的“收货人”在宁波某寺院里用三百元从一僧人手中买了一个身高一米的白瓷蓝彩的观音菩萨像。这尊观音菩萨像运到纽约后，即有人出价二十万美元购买，张静江却坚持非五十万美元不卖。

微 – 张家的运通公司在巴黎开设了一家开元茶店。此店位于繁华的意大利大街上，其内部的陈设非常豪华，充满浓郁的民俗风情，在巴黎首屈一指，成为当时人们到巴黎旅游观光的必到之处。后来，巴黎知识界，尤其是西方汉学家们更是将之作为聚会场所，作为中西文化交流的一个高级沙龙。也就是在这个茶馆里，革命党人召开了许多重要的会议。

微 –1905 年，张静江和吴稚晖相识。吴稚晖心直口快，整天穿着布衣大褂，是一个无政府主义者。二人一见如故，无话不谈。后来，这两人还和李石曾成为好朋友。因为志趣相投，三人一起创办了《新世纪》杂志，出版《世界》画报，和《民报》东西呼应，互相唱和。不久，他们三人就成为知名人士，被人们称为“巴黎三剑客”。

微 -1905年至1906年间，张静江在去新加坡购买印刷器材的时候，在法国轮船上和孙中山巧遇。二人一见如故，都深信要救中国只能革命。张静江当时就向孙中山表示，他这几年在中法两国从事商贸，获利很多，倘若革命需要，他随时可以捐助。最后，双方还约定以“A、B、C、D、E”五个字母代表所需经费的数额，即A代表1万，E代表5万。从那时起，张静江就不断地以自己的资金资助革命，而他本人也一步步地走向了革命。

1916年9月15日，孙中山在浙江海宁观潮。前排左六为孙中山、左八为张静江，孙中山右后为古应芬

微 –1907 年，前往河内重振雄风的孙中山发现自己口袋空空，没有行动资金。正当他为此苦恼的时候，张静江的名字突然出现在他的脑海中。孙中山对胡汉民说：“我上次在船上碰到一个怪人，脚微跷，声称要帮助革命，我们两人约定了五个字，第一字即一万元，第二字为两万元，我担心这个人是清廷的侦探。”胡汉民听后却大喜过望：“怕什么了，反正横竖不亏本，拍个电报试试又有什么？”于是孙中山就将一个字的电报发到张静江留下的地址。结果没过多久，他果然收到张静江汇来的一万元钱。又过了一段时间，孙中山又给张静江先后拍出第二字、第三字的电报，结果也照样收到所需数额的款项。

1924 年 11 月 24 日，孙中山、宋庆龄在神户与前来欢迎的日本朋友合影。前坐右起：孙中山、宋庆龄、山田夫人；后立右起：菊池良一、戴季陶、岛田经一、宫崎震作、萱野长知、宫崎龙介、山田纯三郎

微 –“世人过分重视性的关系，最为错误。盖社会所以划分男女关系，如此明显，乃传统的习惯使然，而种种罪恶即缘是产生。此种习惯未尝不可改革，譬如我们的手可行握手礼，口可以行接吻礼，则性的关系又何尝不可用以行礼乎？”这就是张静江于 20 世纪初对男女关系的解说。

微 – 有人说张静江“毁家襄助革命”，这种说法一点儿都不过分。据 1917 年 1 月 31 日张静江在通电各地的报告中说，为了革命，他借款的总额已达日金一百七十四万、英洋一百一十一万，此外，他还额外借日本人久原房之助私人款日金八十余万、犬塚信太郎十五万、山田纯三郎五万，在国内还有借款若干。最后，为了替革命筹集经费，他先后把巴黎的开元茶叶店和上海马思南路的六幢花园洋房卖掉了。

微 – 蒋介石在大庆里时，曾多次以私人的名义向张静江借钱，每次二三百元不等。每到年终的时候，蒋介石总是煞有介事让张静江的账房抄一份账单给他，声称要还钱，结果他从来就没还过。当时不只蒋介石，戴季陶、于右任、周佩箴、孙科、宋子文等人都向张静江借过钱。

微 –1913 年 5 月，驻扎在扬州的袁世凯的帮凶、第二军军长徐宝山在副官处赏宝时被炸死。除掉徐宝山的人正是张静江。当时，张静江得知徐宝山很喜欢古董，甚至达到了嗜古董成癖的程度，于是便投其所好，和革命党人黄复生一起私下里制造了一枚小型炸弹，将其安装在古董箱中送到徐宝山处。

微－袁世凯当上总统后，发布了一道全国通缉令，缉拿“乱党”，张静江也名列其中。张氏族人出于自保，联名将一份呈文上交给吴兴县政府。其内容是要将张静江驱逐出族。国民党重新执掌政权后，张静江做了浙江省政府主席。他首先调阅了“南浔镇张氏弟兄驱逐张人杰出族”的全部档案。看后，他嘱咐秘书：“此件要传之子孙，存入银行保管箱！”这句话传到张氏族人的耳中，这些人慌作一团，马上摆下宴席，欢迎他衣锦还乡。

微－1919年暑假里的一天，孙中山先生带着两位男士来到张静江家看望他。这两位男士就是戴季陶和蒋介石。当时，张静江家中还有一位客人，她就是陈洁如。结果，蒋介石对陈洁如一见钟情，向她发起了攻势。陈母因为不放心蒋介石，就专门请了私家“侦探”去调查他。最后在张静江的帮助下，陈母才同意蒋介石和女儿的婚事。

微－后来，张静江不但在政治上被架空，就连经济上的实权也被宋子文、孔祥熙掌握，他逐渐认清了蒋介石的真面目，也就对蒋介石完全丧失了信心。他曾这样对别人说：“我一生都被别人利用，今后将不再会被人利用了。像蒋介石这种人，只可以共患难，不可共安乐，他只知为己，不知为人，而且毫无信义！”后来，他逐渐离开了政治舞台的中心，离开了中国。

微 - 蒋介石违背了他要和陈洁如恢复夫妻关系的诺言。他的这种行为无疑是出卖了盟兄张静江。这使得张静江对陈家母女，甚至对自己的妻子朱逸民都无法交代。因此，张静江对蒋介石很有意见。此后又由于政治上的种种分歧，双方的裂痕越来越大，最后发展到了互不理睬的地步。

张静江的继室朱逸民（右）与陈洁如（中）

微 - 张静江此人无论何时都坚持自己做人的原则，绝不趋炎附势。而且，一旦某事被他认为是该做的，那么他就会为之奋不顾身，不计代价。20 世纪 20 年代末，李济深和蒋介石意见不合，二人之间时有摩擦，后来蒋介石邀请他到南京面谈。李济深怕其中有诈，因此到上海后首先问计于张静江。张静江认为蒋介石是一个欺软怕硬的人，如果李济深害怕不去，以后在蒋介石面前就更没有出头之日了。他建议李济深去见蒋介石，而且特意邀请吴稚晖做李济深的保镖，陪他一同去见蒋介石。当时张静江还说："要杀头一起杀，谅他也不敢！"结果李济深被蒋介石软禁在南京附近的汤山招待所内，而张静江就和李济深形影不离，防备蒋介石对李济深下毒手。同时，他还让自己的账房先生李力经每天下午陪李济深下象棋，以作消遣。只要自己有事离开，他一定要等到吴稚晖到来后才走。张吴二人就这样交替陪同，时间长达一年。最后看张静江这样保护李济深，蒋介石也没办法了。

微－在任职建设委员会期间，张静江创办了中国最早的电台。当时，"无线电"这个概念还没有出现在大多数中国人的脑子里。

微－对于张静江事事独断专行的行为，蒋介石十分生气，就想让他主动辞去浙江省主席一职。结果张静江说："你让我辞职我偏不辞，有种你来免我职啊！"同时，他还对蒋介石说："你现在架子大了，从前我去见孙总理的时候也没见过像你这么大的架子。"老蒋闻言大怒道："我看你在浙江要独立啦，起义啦？娘希匹，等我把阎、冯打败后，再来收拾你，到时候就有你的好戏看了！"

微 –1950 年 9 月 3 日，七十四岁的张静江因心力衰竭死亡。张静江死后被安葬在纽约郊外的 ARDSLEY’NY FERNCLIFF 公墓。这座公墓埋葬着许多著名人士，像孔祥熙、宋子文、宋子良、顾维钧等。这些人当年都和张静江一起在美国生活过。

微 –1929 年 6 月 6 日，张静江举办的中国西湖博览会召开。此次博览会历时一百三十七天，到会的中外参观者达两千万人。在会上，各国的考察团纷纷前来洽谈业务，其中的丝绸馆在开馆不到四个月的时间内，参观人数已经达到二十八万，馆内设有苏州绸业、杭州绸业、吴兴绸业等十三个陈列室；设在此馆内的湖南湘绣、四川蜀锦、贵州油绸更是大放光彩。在举办西湖博览会的同时，张静江还组织了两个大型体育活动，一个就是浙江省国术游艺大会，一个是第四届全国运动会。在第四届全国运动全上，各省参赛男女运动员人数达一千六百三十人。

微 – 张芹伯是张石铭的大儿子，他在六年的时间里创办了三家银行。其中 1949 年 1 月改称东南商业信托银行的东南信托公司是三家银行中创办最早、影响较大、时间较长的。

微 – 张叔驯是张石铭的七儿子。1928 年，不到三十岁的张叔驯已经在古钱界小有名气了。早

在1926年，他已经创办了中国第一个古钱学会，还创办了《古泉杂志》，这是中国第一份钱币学杂志。

微－抗战时期，张叔驯侨居美国，他曾拿一块古玉换了一辆凯迪拉克轿车。

微－张叔驯不酗酒、不赌博、不纳妾。他只喜欢运动，喜欢赛车，喜欢赛艇，爱跳舞、爱跑马。总之，他喜欢所有有创新意义的机械或玩具。

“五朵金花”的合影。前排左起：张芸英、张芷英；后排左起：张荔英、张蕊英、张菁英

微－姚蕙是张静江的前妻，张蕊英、张芷英、张芸英、张荔英、张菁英是她与张静江所生的五个女儿；朱逸民是张静江的继夫人，张乃琪、张乃恒、张乃理、张乃琛、张乃珣，是她与张静江所生的五个女儿。张静江两个夫人为她生的十个女儿，组成了十朵金花的可观阵容。

微－张静江的二女儿张芷英是一位贤妻良母，也是一个很有主见、外柔内刚的女子。同时，她还具有丰富的幽默细胞。张芷英因为从小在法国和美国读书，还曾在纽约哥伦比亚大学巴纳德学院就读，因此法文和英文都很好。不过，当她回到上海时，竟然不会说中国话了，无奈之下，她只好再去中西女中补习中文。在中西女中读了两年后，张芷英的中文才勉强过关，但是书写时还常常闹笑话。她在结婚登记时候发生的事情，比较具有“纪念”意义。当时，她竟把自己的名字张芷英的“张（張）”字的最后两笔给忘记了，将其写成了一个谁也不认得的字。事后她自嘲地说：“我把我的姓少写了一只脚。”

微 – 张静江虽然女儿很多，但对于女儿的婚事，他从不参与意见，只管点头。他的大女儿嫁了一个富二代；二女儿嫁给了一位实业家；三女儿宁愿选择一个电影明星，也没选择宋子文；五女儿和一个卫生部长成了婚；四女儿竟然嫁给了外交部长陈友仁。此公与张静江年龄差不多。张静江曾说：“陈友仁只比我小一岁，但只要她自己愿意嫁个老头儿，我没意见。”

四小姐张荔英和丈夫陈友仁在家中

微 – 张蕊英虽然是长女，但她思想单纯。一次，大家在一起聊天时谈到了社会上的“野鸡”，她竟然很认真地请教别人什么是“野鸡”，而那时她已是好几个孩子的母亲了。她家的保姆金妈无奈而善意地对张蕊英的孩子们说：“你看你们的妈妈，竟然连‘野鸡’是怎么回事都不知道！”

微 – 有一次，小偷在街上抢了张芷英的钱包，结果张芷英竟然脱掉高跟皮鞋，光着脚就追，最后抓住那小偷，夺回了自己的钱包。小偷一看来硬的不行就来软的，向其哭诉自己家有老父正在生病，家里实在没钱看病，才做了这样的事……张芷英听后，心软了，从钱包里拿出一些钱给了小偷，然后光着脚回家了。

微 –1924 年，在从美国回国的轮船上，张芷英和留美成才的陈寿荫相识。二人的关系很快就发展到了谈婚论嫁的地步。没想到，一向讲究民主的张静江竟然对这桩婚事持反对意见。原来，早在北伐之前张静江被蒋介石请到广州坐镇大本营时，国舅宋子文已经相中了张芷英小姐。没想到的是，这位张小姐居然不给国舅面子。一次在海边游泳的时候，宋子文当着其他朋友的面，赠送给张芷英一枚戒指。结果张芷英抓起那枚戒指就扔到了海里，弄得国舅非常尴尬。

微－张芸英初到北京时，家中没有保姆，不得不自己拎着篮子到市场买菜。一次，她买了一块肉，发现这竟然是一块带骨头的肉，便惊讶地问卖肉的人："您这肉里怎么有骨头呢？"卖肉的非常惊讶，等明白过来后，就像对付一个小女孩似的对她说："没骨头，猪能走路吗？"

微－在张静江的前妻姚氏所生的女儿中，张菁英是老幺，张静江非常宠爱她，把她当作自己的心肝宝贝。抗战前，张菁英住在上海，特别喜欢一个人开着汽车到处跑，每月所花的汽油费都要超过百元，这笔钱均由账房替她支付。那时候，一般的银行职员的月薪也只不过三四十元。

微－南京金陵大学聘请二十七岁的张乃凤（张静江侄女）为副教授，她负责讲授土壤学和肥料学两门课程，两年后晋升为教授。

– 微 –

你是那人间的四月天：林徽因家族

在历史中，我们常常要借助一个男人的光芒，才看到他背后的女人。而对于民国时代那些才女来说，林徽因是个例外。她比萧红更有才气，比张爱玲更全面、人生际遇更好。她几乎标志了一个时代的颜色，出众的才、倾城的貌、如诗般情感幸福而浪漫。在她四周围着的都是那个时代的精英，而她却集中了所有人的优秀，她像是有魔力一般，把那个时代的精英都吸引到自己身边，围着她转。

52分钟前　　来自微历史　　转发(188) | 评论(25) 52分钟前

微 – 林氏家族本来是福建的望族。1898 年，林徽因的祖父林孝恂凭光绪乙丑科进士的身份，官拜翰林院编修，做了浙江海宁知县，于是林氏举家迁到该地。林孝恂虽然是晚清的翰林，但他并不是一个死板读书、苟同于世的腐儒。当同辈们还在对西式的“声、光、电、影”表示疑惑时，他已经开始学习西方的政法思想。不但自己学习，林孝恂还专门请了加拿大籍和日本籍的两位“洋老师”教儿子林长民。

微 – 林长民不但是民国初年闻名士林的书生逸士，而且是倡言宪政、推进民主政治的著名政客。少年时期的林长民在林氏家塾中读书，饱读诗书的闽中名士林纾是他的老师，因此，他得以学到最初的西学知识。光绪二十三年（1897 年），林长民考中秀才，但已经树立了更高志向的他毅然放弃了科举举士之途。

林尹民

微 – 广州黄花岗起义七十二烈士中有三个是林家人，即林觉民（《与妻书》的作者）、林尹民、林文，他们都是林长民的堂弟。林家可以说是满门忠烈，后人戏称为“林家铺子”。

微 –1937 年，一份名为《逸书》的杂志上刊登了一篇文章，此文由福建人陈兴龄撰写，内容是介绍闽侯林氏“民”字辈四兄弟的革命往事。文中所说的“四民”就是指林长民、林肇民、林尹民、林觉民。林长民即林徽因的父亲，1925 年，他于郭松龄反奉之变中遇难。林肇民、林尹民、林觉民是林徽因的堂叔。

微 – 早年，林长民曾留学日本。在日本期间，由于家里有钱，他本人口才又好，曾任留学公会会长。回国后，他在极短的时间就成为民国官场上的明星，担任参议院秘书长一职。当时的人提到林徽因时，一般会以“这是林长民的女儿”来介绍她。

林长民与林徽因

微 –1920 年，林长民因政治失意来到英国，与正在剑桥留学的徐志摩相识。二人一见如故，互将对方引为知己。为了验证罗素的爱情观，林长民提议模拟一场“恋爱游戏”，并自称愿意扮演已婚男子苣冬，请徐志摩则扮演已婚少妇仲昭，二人鱼雁往返，倾诉情思。徐志摩对此提议欣然接受。就此，二人开始互递情书。

微 – 相对于林氏其他人来说，林尹民可以说是这个书香世家中的一个异数。据史料记载，林尹民不但英姿飒爽，风骨伟岸，有神力，能举石三百斤，还曾拜师学习少林武艺，拥有一身过人的本领。

微 – 林尹民从小就喜欢读《三国志》，尤其对张飞情有独钟。每次路见不平，他都要自称“我乃燕人张翼德也”。有一次，他于黑夜拿着刀趴在墙上，等到三更快结束的时候，敲更的更夫从墙边经过，他从墙上一跃而下，抽刀向前。更夫见刀光如雪，以为遇到了强盗，便惊呼大王饶命。于是林尹民满意地将他放走了。

微 – 林尹民心存高远的志向，决定去日本求学，想继续深造，寻找志同道合之人。他的父亲林孝扬不同意，林尹民就请伯父林孝恂替自己说情。林孝恂要求林尹民以文言志，至于能不能，要看林尹民写的文章的情况。林尹民稍作沉思即挥笔写就一篇文章。林孝恂读罢此文，赞不绝口。于是林尹民的心愿得以实现，最终于1906 年踏上了去日本的留学之路。

微 –1911 年夏历 3 月 29 日，著名的“黄花岗起义”爆发，林尹民也参与其中。当晚，林尹民手持双枪，所向披靡，杀敌十余人，最后终因寡不敌众，弹尽而亡。他死时身中数十枪，血流如注。林尹民死时才二十五岁，他以自己年轻的生命祭奠辛亥大业，为“黄花岗七十二烈士”之一。

微 – 林觉民，字意洞，是林徽因的族内堂叔。他在小的时候就被过继给叔父林孝颖抚养。林孝颖是一位闽侯名士，以诗词闻名于世。他体弱多病，八岁丧母的林觉民深受叔父的影响，为人行文尽得其真传，有过目不忘的本事。

微 - 林觉民深深地爱着妻子陈意映，他曾对别人说："吾妻性癖好尚，与余觉同，天真浪漫的女子也。"

林觉民

微 -1911 年 4 月 27 日，林觉民因参加广州起义被捕，当时的广州总督张鸣岐、水师提督李准亲自提审他。在大堂上，面对张李二人，林觉民意兴奋发，慷慨陈词，其所讲内容从扬州十日嘉定屠城到汉人媚满之非，从世界大势到各国时事。最终，张鸣岐、李准为林觉民的才华所折服，竟然为他解去镣铐，请他端坐在堂上写供词。林觉民奋笔一挥，洋洋洒洒，文采如飞。

微 -1909 年，林长民从日本留学回国。正如当初放弃科举之途一样，他又拒绝了清政府授予的翰林进士的身份。父亲林孝恂因此怒斥其为"名教叛徒"。

微 - 林徽因在小的时候生活在祖父身边，陪同祖父先后在杭州、上海、北京等地生活。五岁的时候，她开始朗诵诗文，六岁就能以旧文体、旧礼节学写家信，八岁的时候进入西式小学学习，十二岁的时候进入教会中学学习，十六岁开始跟随父亲到欧洲游玩，二十岁的时候曾用英语出演泰戈尔的名剧，随后她就到美国留学去了。

陈意映

微－陈意映的父亲叫陈元凯，是光绪乙丑科举人，获花翎四品衔，广东“截取”知县。陈意映喜爱诗书，好吟咏诗句，曾写作《红楼梦》人物诗一卷，后来和革命党人林觉民结婚。因受林觉民的影响，她带头放开小脚，进入陈宝琛的夫人创办的福州女子师范学堂学习，并成为该校首届毕业生。林觉民牺牲后，她生下林觉民的遗腹子，在孩子两岁时最终因伤心过度病逝。

微－林长民深受西方文明的熏染，做事很少受旧礼教秩序的束缚。1924年，他以“恋爱与婚姻”为题公开演讲，当时的人笑着称他为“恋爱大家”。

微－梁思成首次约会林徽因时，因为过于矜持和紧张，他竟然独自一个人爬到一棵树上，把林徽因丢在了树下，林徽因被他气得半死。多年后，林徽因每想起此事，仍耿耿于怀。

微－1924年秋，梁思成非常顺利地进入美国宾夕法尼亚大学建筑系本科学习，而林徽因则未能如愿。这是因为在20世纪20年代的美国，社会风气相当保守。如果一个有教养的未婚女子想在特定场合出现，需要由一位年长的妇女陪伴，这样才合乎社交礼仪；建筑系学生作业量很大，经常需要整夜绘图，所以无人陪伴的女生在场就显得不合适。性格倔犟的林徽因虽然最终注册了美术系，但从开学的第一年起，她就和梁思成选修同样的课程，成为宾大建筑系第一个“编外女学生”，还曾经担任过建筑设计课的助教。

微 – 斐理璞（Betty Phillips）是林徽因的英文家庭教师，他的姻亲戚克柏利开办了一家糖果厂。因为他的缘故，林徽因可以经常吃到可可糖，前后一共吃了不少于三木箱。

微 – 作为邻居，钱锺书此人一点儿也不友爱。据其夫人杨绛回忆，钱锺书看到自家的猫和邻家的猫在房顶打架，总忍不住拿着长竿帮自家的猫。就是这样的一个人，他不但参与猫之间的战争，还以猫为主题写沙龙女主人的文章。所以不少“有考据癖的人”认为《猫》中的众多角色其实都有特定的原型。其中的女主角不言而喻，徐志摩应该就是那位“爱慕女主人的诗人”，罗隆基应该是“政论家马用中”，林语堂是“袁友春”，周作人即“亲日的陆伯麟”等。钱锺书用一篇《猫》，不但将当年的文化名流囊括在内，甚至连林徽因的公公梁启超与父亲林长民也不能幸免。

钱锺书与杨绛

微 – 因为才貌双全，林徽因的追求者特别多。一次，她和追求者们约定：谁能以最快的速度为她从城内买到刚上市的橘子，那么这个人就是对她最忠心的。梁思成应声而出，驾摩托车飞驰而去，结果在东安市场外和章宗祥的汽车相撞，身受重伤。不过他却因祸得福，最终抱得佳人归，成了林徽因的丈夫。

微－当年和闻一多一起在国外留学的学生希望闻一多学成回国后，办一所没有门户之见的艺术大学，他们精心描绘了这个大学的前景："有梁思成君建筑校舍，有骆启荣君担任雕刻，有余上沅、赵太侔君开办剧院，又有园亭池沼花卉草木以培郭沫若兄之诗思，以逗林徽因女士之清歌，而郁达夫兄年来之悲苦得借此消失。"

林徽因与梁思成结婚照

微－林徽因是一个比较传统的人，因此在结婚时不愿意穿西式结婚礼服，更不愿意在教堂举行结婚仪式。为此，她为自己设计了一套东方式的结婚礼服。1928 年 3 月 21 日，在中国驻加拿大总领事周希哲家的客厅里，梁思成和林徽因二人举行了婚礼。当天，美貌的新娘身穿美丽礼服，轰动了加拿大新闻界，摄影记者们纷纷赶来为这对新人拍照。

微－1929 年 8 月，林徽因和梁思成的女儿出生，为纪念已故的祖父梁启超，她的名字叫再冰。1931 年，林徽因、梁思成从东北大学辞职，加入中国营造学社。为此，他们全家搬到北京北总布三号一座由方砖铺地的四合院内居住。1932 年 8 月，他们的儿子梁从诫在北京出生。为儿子取"从诫"一名，意在纪念宋代建筑学家李诫，由此可以看出林徽因、梁思成夫妇一生情之所系。

微 – 林徽因经常在晚上写诗，写诗时还要点上一炷清香，摆上一瓶插花，身穿一袭白绸睡袍，面对庭中的一池荷叶，然后在清风飘飘中吟哦佳作。对于自己的一身打扮，林徽因甚为得意，曾说“我要是个男的，看一眼就会晕倒”，梁思成却答之以“我看了就没晕倒”。

微 –1935 年—1936 年，林徽因任教于国立北平大学女子文理学院外语系，教英国文学课。每次她一到校，全校轰动。她身着西服，脚穿咖啡色高跟鞋，摩登、漂亮而朴素。试想，女校都如此轰动，倘若是男校，那课是指定上不成了。

微 –1924 年泰戈尔访华，已年至半百的林长民和女儿一同登台表演泰氏名剧《奇特拉》，演出状况被当时《晨报》连篇累牍加以介绍，报上称赞“父女合演，空前美谈”。

微 – 九一八事变爆发，中国人开始开口闭口说抗日。当年的 11 月中旬，吴其昌、叶公超去梁宅探访，林徽因笑对吴其昌说：“因为你的一篇抵制日货的文章，吓得我连窗帘都不敢买了。你瞧！我们家的窗户还裸体站着！”

微 – 因为战争的原因，林徽因生病了，她的身体日渐消瘦，最后瘦得几乎不成人形。为了略微变换伙食花样，梁思成就学着蒸馒头、煮饭、做

菜，还用橘皮做果酱。实在无钱可用的时候，他就将衣物拿到宜宾委托商行去当卖。就这样，派克钢笔、手表等逐渐变成了钱。生性乐观的梁思成总是半开玩笑地说这只表可以“红烧”，那件衣服可以“清炖”。

微 - 梁思成对林徽因说，倘若他此生有机会去敦煌一次，就算是让他“一步一磕头”也心甘情愿。

左起：三岁、少年、青年留洋，中年林徽因

微 - 抗战胜利后，有一次林徽因和儿子梁从诫谈起1944年日军攻占贵州、直逼重庆的危局。儿子问母亲：“倘若当时日本人真的打进四川，你们会怎么办？”林徽因若有所思地答道：“中国的读书人总还有一条后路的嘛，扬子江不就在我们家门口吗？”

微 -1941年，林徽因在一封给费正清夫人费慰梅的信中写道：“思成是个慢性子，每次只愿意做一件事，最不擅长处理杂七杂八的家务。但杂七杂八的事却像纽约中央车站无论何时都会抵达的各线火车一样向他驶来。或许我仍旧是站长，但他却是车站！”

微 – 在东北大学执教时，林徽因看到一名学生的素描作品画得太差，忍不住着急地说：“怎么不像人画的！”这位学生一时生气，以林先生骂他的画不像人画的为由，找到系主任梁思成要求转系。

微 –1940 年 11 月，林徽因在写给费正清夫妇的信中谈到了哲学教授金岳霖的战时生活：“可怜的老金每天早晨在城里有课，经常要在早上五点半从这个村子出发，可还没来得及上课，空袭又开始了。然后他就得跟着一群人奔向另一个方向的另一座城门、另一座小山，直到下午五点半，再绕许多路走回这个村子，一整天没吃、没喝、没工作、没休息，什么都没有！这就是生活。”

微 – 梁思成去世后，金岳霖和梁思成的孩子一直生活在一起。后者称他为金爸。

微 – 回国后，金岳霖任哲学系系主任。这个系开始的时候只有一位老师，就是金岳霖本人；连学生也只有一位，那就是沈有鼎。

微 – 一天，金岳霖给杨步伟打电话，用异常沉重而急切的语气说有要紧的事，请他进城来帮忙。杨问何事，金不答，只说一定得请他去一趟，

而且越快越好，事办好了还会请对方吃烤鸭。身为医生的杨步伟认为是对方的女友秦丽莲怀孕了，就说犯法的事情自己不做。金答曰，大约不犯法吧。杨步伟和赵元任将信将疑地进了城。到达金家时，开门的正是秦丽莲，杨步伟就一直盯着对方的肚子看。进门以后，杨步伟才知道是鸡出了事。原来金岳霖养了一只鸡，已经三天了，却一个蛋都生不出来。杨步伟又好气又好笑地把鸡抓来一看，原来金岳霖经常用鱼肝油喂鸡，导致鸡的体重达十八磅（约8.16千克），于是造成“难产”。鸡下蛋下到一半出不来了，金岳霖急得团团转。杨步伟二话不说就将蛋掏了出来。金一见，赞叹不已。事后，为了庆贺母鸡顺利产蛋，金岳霖作为母鸡的主人特地请他们吃了一顿烤鸭。

青年时代的金岳霖

微－金岳霖在昆明时，养了一只大公鸡做宠物。老金将其视若珍宝，每天喂鱼肝油给大公鸡吃。每次日本人空袭时，他怀抱大公鸡落荒而逃的情景就会出现在人们的视线里。

微－养鸡是金岳霖终生的爱好。当初，他的女友都弃他而去了，他养的鸡还陪着他，于是他就和这些鸡一起过日子。金岳霖在欧美生活多年，生活极度西化，平常也是西装革履，潇洒异常，但在养鸡上却一点儿也不洋气。金岳霖酷爱养大斗鸡。吃饭时，一只特别大的大斗鸡堂而皇之地伸脖啄食桌上的菜肴，他也安之若素地和鸡平等共餐。偶尔，他也会带着大公鸡出去溜达。后来，金岳霖专门养公鸡，不再养母鸡。

微 – 金岳霖常对哲学系的学生说："其实你们学哲学根本就不必读哲学的书，去读一些小说就可以了。"学生问读什么小说，金答："我看《红楼梦》和《金瓶梅》就很不错，里面有很多哲学。"

微 – 金岳霖曾一度住进了清华园。当时他和陈岱荪都住在清华学务处。有一次，梅贻琦校长在外出前，委托陈代理校事。一天，金准备上厕所，发现没了手纸，他非但不抓紧去找，反而坐下来给陈写了张纸条递过去，上书："伏以台端坐镇，校长无此顾之忧，留守得人，同事感追随之便。兹有求者，我没有黄草纸了，请赐一张，交由刘顺带到厕所，鄙人到那里坐殿去也。"

微 – 金岳霖喜欢喝牛奶，一到冬天就订好多瓶，不过到了夏天，因为喝不了那么多，他就经常邀请邻居来喝。而且他还会一再恳求对方："这个忙诸位一定要帮。"一位邻居得知缘由后，建议他冬天多订，夏天少订。他大为赞赏地说："你真聪明！"

金岳霖

微 – 金岳霖在西南联大上课时，衣着颇有特色，一年四季戴着一顶呢帽，就连进教室也不脱下。每学年开始的第一节课，他总是先说："我的眼睛有毛病，不能摘帽子，并不是对你们不尊重，请原谅。”因为眼睛怕光，他曾配了一副眼镜，只不过镜片是一白一黑，可谓黑白相间。

微－金岳霖为了和同事的孩子比谁的石榴和梨大，就经常到处搜罗大石榴、大梨。如果他输了，他就得把大梨、大石榴送给小朋友，然后他还会接着去买！金岳霖经常输，但他却输得乐此不疲。

微－金岳霖的作品并不多，《逻辑》是他最早的一本书，这本书出版后，哲学家贺麟称赞这本书是“国内唯一具新水准之逻辑教本”。一次，殷海光和人聊天，恰巧看到放在桌子上的一本《逻辑》，他马上拿起此书说：“就以这本书为例吧！这是中国人写的第一本高水平的现代逻辑。仅就这本书来说，真是增一字则多，减一字则少！”突然，他将这本书扔在桌上，说：“你听，真是掷地作金石声！”

金岳霖在图书馆

微－出版社准备将林徽因的一本文集出版，知道金岳霖与林徽因的故事后，希望他能为文集写篇东西。孤独的金岳霖沉默很久后一字一顿地说：“我所有的话，都应该和她自己说，我不能说……我没有机会同她自己说的话，我不愿说，也不愿有这种话！”

微－金岳霖长期生活在校园里，几十年下来，就变成了一个十足的宅男。于是有朋友建议他走出去接触社会，了解生活。金岳霖经过苦思冥想，最终想出了一个办法，那就是找个三轮车夫，让对方经常拉着他到王府井去。

微 – 年近九旬的金博士在医院中苦挨着人生的最后时光。当有人将一张林徽因的旧照呈现在他的眼前时，老人忽然来了精神。他的嘴角渐渐往下弯，像是要哭，喉头微微动着，好像有千言万语哽在那里，最终他却没发一言。他只是紧紧地捏着那张照片，细细地端详着，很久之后才抬起头，像小孩求情似的说：“给我吧！”

微 – 徐志摩和陆小曼结婚后，为避嫌，他特意请好友凌叔华帮自己保存一个放有旧时日记的小皮箱。徐去世后，陆小曼和林徽因都想尽办法向凌叔华索要皮箱，凌叔华均不给。最后，林徽因请来胡适帮自己去和凌淑华交涉，最终拿到了皮箱，不过，凌叔华留下了皮箱中最关键的一本《康桥日记》。于是林徽因继续努力，请胡适继续帮忙，最后日记被叔华拆成两部分交给林徽因，但还是将最最关键的四页藏了起来，无论如何都不愿拿出来了。最终这些话题暧昧而敏感的日记不知所终。

凌叔华与鲁迅的对头陈西滢

微 – 凌叔华被徐志摩称为“中国的曼斯菲尔德”。徐志摩一直对曼斯菲尔德这个外国女作家怀着一份特殊的情感：“眉目口鼻子清之秀之明净，我其实不能传神于万一；仿佛你对着自然界的杰作，不论是秋水洗净的湖山，霞彩纷披的夕照，或是南洋莹彻的星空，你只觉得它们整体的美，纯粹的美，完全的美，不能分析的美，可感不可说的美……”

凌叔华在武大的情人朱利安

微－苏雪林以刻薄著称，他曾在《其文其人凌叔华》一文中写道：“叔华固容貌清秀，难得的她居然‘驻颜有术’。步入中年以后……她还是那么好看……叔华的眼睛很清澈，但她同人说话时，眼光常带着一点儿‘迷离’，一点儿‘恍惚’，总在深思着什么问题，心不在焉似的，我顶爱她这个神气，常戏说她是一个生活于梦幻的诗人。”

微－一次，徐志摩带着一个很大的烟台苹果去上课，他一边吃，一边对学生说：“中国的东西并不都比外国差，烟台苹果就是好！”

微－徐志摩讲演、上课有一个习惯，那就是拿着讲稿当众宣读。他声称此法来自牛津大学，自己只不过是模仿而已，并不是因为不会讲演才照本宣读的。

诗人徐志摩之墓

微－徐志摩在光华大学授课时，一次带学生到荒郊。到了郊外，他让学生坐在荒草中间，自己则选一坟头坐下，说：“这边传来小鸟的歌声，那边吹来微微的春风；这边开满烂漫的野花，那边流淌着潺潺的溪水。这便是诗。”

微－徐志摩好动，甚至达到顽皮的程度。一次半夜，他乘兴去看梁实秋，看到梁实秋房间的窗内还有灯光，就想吓一吓他。于是徐突然把门打开，没想到，他看了一眼，拔腿就跑。原来徐看到两个陌生的男女因为受惊，从一个单人沙发上跳起！实际上，梁实秋当时已在楼上睡着了，那对受惊的男女是住在楼下的。于是，徐志摩转身朝另一位单身朋友家走去。他从后门溜入朋友家，直奔楼上，看寝室里漆黑一片，就想吓一吓对方，没想到顺手打开电灯后把自己吓得失声大叫，原来床上睡着两个人。这下子可不得了，徐志摩急忙跌跌撞撞地跑回家，而且马上乖乖地躺下睡觉。后来，曹聚仁因此事调侃他："直到这个时候，这位诗人才知道黑夜并不像他想象的那么简单。"

微 –"金先生的嗜好是捡起一根名词的头发，用心地拿在手里给其评分。他可以暂时不吃饭，但这根头发丝粗得怪讨厌的，所以他一定要把它劈开，自己心里才舒服。"这就是徐志摩对金岳霖的描述。

– 微 –

两情若是长久时，又管他结婚多少次：蒋介石家族

中国近代史上的蒋介石可谓是个铁腕级的人物，也是自辛亥革命以来中国近代史上的一代领袖。作为一个领袖，蒋介石是一个战术家而不是一个战略家；作为一个政治家，蒋介石不是一个独裁者，他缺乏作为独裁者的工具；他严于律己，不断告诫自己戒色、戒奢侈、戒贪。“欲立品，先戒色；欲立德，先戒侈；欲救民，先戒私。”但他却总是食言。他是一个矛盾的人，是一个任别人怎么都无法看透的人。

52分钟前　　来自微历史　　转发(188) | 评论(25) 52分钟前

蒋介石与母亲王氏

微－蒋介石的母亲王采玉曾经结过两次婚。十八岁时，王采玉和跸驻乡曹家田的竺某结为夫妇，但没想到婚后的第二年，她不但失去了丈夫，儿子夭折，而且父亲也过世了。这三重痛苦使得她对人生失去信心，于是在葛竹村附近的金竹庵出家为尼，想寻求精神的解脱。几年后，一个看相人来到王采玉所在的尼姑庵。此人看到王采玉后，就断言她是一个有福之人，将来会生一个显贵的儿子，而且晚年将无比光耀。看相人的一番话使王采玉重新恢复了生活的信心。恰好溪口有一个叫蒋肇聪的人，在两年之间连续丧妻，家中的一儿一女还很小，需要人照顾，他就想续弦。王采玉的堂兄葛竹人王贤东是玉泰盐铺的账房，得知自己的东家有续娶的念头，就到庵堂找到王采玉，为两人做媒，成就了一段姻缘。

蒋肇聪

微－溪口人称蒋介石的父亲蒋肇聪为“埠头黄鳝”，这个称呼虽然不雅，却极其精准地概括了他的特点：精明能干，处事油滑，别人占不到他的便宜。蒋肇聪在二十多岁时从父亲蒋斯千手中接手了家中的盐店生意，而且打理得井井有条，生意越来越兴隆，因此其家的生活达到小康水平。除了经营盐铺外，蒋家还有三十多亩薄田，成为溪口镇上的十甲户之一。

微－嫖妓、骂人、赌博是蒋介石的哥哥蒋介卿平生的三种爱好。因为这个原因，蒋介石给他足够的金钱，任其挥霍，但不让他做大官。于是蒋介卿就在溪口开设了一家公余钱庄，从此成为当地的土皇帝，横行乡里。

微－蒋介卿死后并没有及时安葬，蒋家人只是简单地处置了一下。直到 1937 年 4 月 22 日，蒋介石才为其兄举行了隆重的葬礼。蒋介卿的妻子单氏想趁机捞点儿钱，于是和总管蒋孝祥私下里商量：“阿叔（指蒋介石）有钱，一向不在意花钱多少。这次是他最后一次帮我家的忙了，你在做账时不妨多做些。”于是蒋孝祥在向蒋介石报账时，报了棺木费三千元，出殡费九千元，共花了一万二千元。但实际上葬礼只花了八千元左右，单氏用这种方式从中捞了一笔。

微－蒋介石十分尊敬自己的母亲，于是在他执掌大权后，国民政府的官员们常常亲自去其母王采玉墓前拜谒，以博得蒋的好感。当时，国民党高级官员、将领所穿的鞋子往往是皮鞋、皮靴，所以前去谒墓时走在山路上就特别艰难。蒋介石特意让人准备了各种尺寸的软布鞋，放在慈庵墓庐里，以方便这些人使用。通常情况下，蒋介石在部下面前都是一副严肃高傲、不苟言笑的样子，但是只要部下前去拜谒其母的坟墓，顺着墓道下山时，他一定会露出少见的亲切的面容，满面笑容地迎上去，对他们连称“谢谢”。

蒋介石母亲王氏之墓

微－蒋介石的母亲特别迷信，当初，她请人为儿媳毛福梅算命，结果算命先生说毛福梅生的儿子将来一定会大富大贵，而且官居高位。对此深信不疑的蒋母就带着毛福梅跑到上海找蒋介石，强迫二人同房，于是就有了蒋经国。

微 – 蒋介石和毛福梅拜堂成亲那天，当花轿到达、爆竹响起的时候，随轿看热闹的小孩和前来喝喜酒的年纪较小的客人们都跑到天井去抢拾爆竹。年纪同样较小的新郎官蒋介石也急忙奔出争抢，在场的亲友们见此情景顿时大笑。

少年蒋介石

微 –1917 年，蒋介石在张静江家门前打人力车夫，结果不但没能打到对方，反被对方打伤。1919 年 10 月 1 日，蒋介石又在居正家的门前和拉车的人力车夫发生争执。脾气暴躁的他忍不住又要动手。居正的家人看到这种情景，就出来和车夫理论，结果一言不和，双方打了起来。怒不可遏的蒋介石自然也参与其中，最后因为不是车夫的对手，自己挨了揍。最后，打人者还闯进居家，将家具砸坏。以上事情在蒋介石的日记里都有提到。

微 – 蒋介石强调自己要“戒色”，不过，他所谓的“戒色”也包括戒除心中的色欲，而不只是杜绝好色的实际行动。比如说，蒋介石曾在日记里写道：“今天一个美貌女子进入了我的视线，我竟然因色起欲。戒之戒之。”还有一次，见到某人那长相娇美的太太后，蒋介石就在当天的日记中再次叮嘱自己要“戒色”：“某夫人色艳如花，让我为之怦然心动。须戒之戒之。”我们说爱美之心，人皆有之，这不是什么了不得的事，不过，蒋介石却认为此事关系重大，多次在日记中严肃地写下此类事情，并再三告诫自己。一次，蒋介石得知自己出差要途经香港。为此，他在到达香港之前写下警示自己的话语：“香港乃花花世界，余能否经受考验，就看今天！”结果到达香港的当天他就光顾了妓院。

微－蒋介石此人有点儿小幽默，甚至偶尔会搞一下黑色幽默。比如某次，他在下属交上来的报告里发现不少错别字。为了表达自己的不满之情，蒋介石就在报告上写上“我不是小学教师”作为批示。又一次，他看到下属的报告里出现很多因胡涂乱改造成的墨团污迹，就将“我不是字纸篓”几个字批示于上。当时宁夏省主席是马鸿逵，一次，蒋介石看到在下属交上来的报告中马鸿逵不但成了青海省主席，而且连名字也变成了马鸿连。蒋介石又做出如下批示：“对于字形相近的‘逵’‘连’二字，写错有情可原。不过，将宁夏扯到青海，这就太离谱儿了吧。”

微－蒋介石喜欢在召见部下时面带笑容地询问对方的生活、家事，仿佛闲话家常，令对方感到很热情，使对方感觉“一见如故”。一次，军务局高参、第四科科长沈重被其召见。二人见面后，蒋不但提到自己十年前就接见过沈，而且还问到了沈的家乡四川内江的情况，尤其是蒋竟然将沈父沈母的年龄也说得八九不离十。沈科长真是万分激动，以至于话都说不完整了。实际上，蒋能做到这一点，那是提前做了功课的。原来，蒋介石每次召见下属前，尤其对方是自己不太熟悉的下属时，就提前让人呈上写明对方姓名、年龄、籍贯、经历、家庭等个人信息的卡片，他会提前熟悉一下，这样就可以在接见对方时使用了。

微 - 蒋介石本人因为精力旺盛，每周七天，除了周六和周日，几乎天天开会。每逢开会时，倘若他发现有人打瞌睡，那么轻则将对方骂一顿，重则将对方降级免职。蒋介石晚年的时候，为了防止下属开会打瞌睡，他在开会的时候会准备一副老花镜和一副看远的眼镜。在开会的过程中，他不时替换着使用两副眼镜，目的就是观察台下的军官们，看看是不是有人欺他眼花，偷偷睡觉。

微 - 在日本留学时，蒋介石在乘电车、火车或渡轮时，经常能看到日本人手捧王阳明的《传习录》阅读。很多人读第一章节即闭目静坐，一副若有所思的样子。日本人的举动刺激了蒋介石，于是他也买来王阳明的众多著作开始研读。后来他形容自己读王阳明的著作时的感受说："对于这个哲学，真是一种手之舞之、足之蹈之，一种心领神驰的仰慕……"

微 - 阎锡山是个相当迷信的人。一次，为了迎接到山西来视察的蒋介石，阎锡山专门召开会议讨论欢迎蒋的地点。有人建议选大同，阎锡山予以否定，言称自己不跟老蒋搞大同；有人建议选运城，阎锡山更持否定的态度，理由是不能让老蒋运成，那样自己就成不了了。结果讨论来讨论去，还是他自己一锤定音：“就在介休吧！让这个老家伙早早休了吧！”

微－蒋介石就任中华民国总统后，从风水的角度考虑，想扩建浙江奉化武陵镇老家的旧房子。如此一来，蒋家老宅的邻居就得拆迁，以便为蒋家腾出地盘。蒋家要扩建房子的消息传出后，邻居们都纷纷自觉地让出自己的宅基地，只有蒋家隔壁卖千层饼的周顺房的主人不愿意。该饼房的主人与蒋介石是发小，特意放话出来，声称：“如果瑞元（蒋介石的乳名）让我搬，我是不得不搬的，因为他当皇帝了啊……”他坚持除非蒋介石当面和他说，否则不搬。此事被蒋得知，蒋也不得不叹着气说：“迁不迁由他去吧。”

微－1935 年 8 月 21 日，蒋介石在日记中预言：“倭寇失败当在十年之内。”1945 年 8 月 15 日正午，广播中传来日本裕仁天皇宣布无条件投降的“终战诏书”，蒋介石高兴得跳了起来，不断地说：“我预测成功啦！”

微－蒋介石对下属一向高标准、严要求，这种严格的要求甚至包括下属的头发和胡子的长度。蒋介石本人一年四季衣冠整齐，即使是三伏天，他也将风纪扣扣得严严实实，更不会为了凉快

将袖子挽起。至于不修边幅四个字，更是与他无缘。早在黄埔时期，他就经常脚蹬马靴、手戴雪白手套。正是因为自己比较注重仪表，所以倘若哪位下属被他发现衣冠不整，他就会开口将对方痛骂一顿。蒋介石虽然讲究私人感情，但如果哪位下属因为家庭经济困难，向他请求救济，如果他能给二百元钱，那已经是天大的面子了。

微 - 蒋介石有个习惯，那就是每天一定要唱歌，有时能唱很长时间。当然，他从不在公开场合唱歌。蒋介石唱歌的内容必是军歌、党歌、国歌三者之一，他不唱京剧和一般歌曲。而且从其所唱歌的内容中，下属也可以了解一些事情。倘若当天他唱国歌的时候居多，那么这一天就比较正常。倘若他唱军歌的时候较多，那就是有麻烦了。倘若当天他唱的是党歌，那么这一天可能是纪念日。

微 - “一个法西斯专政政权”是美国耶鲁大学校长于 1938 年给出的对蒋介石政府的评价。

微 - 追溯毛福梅当初嫁给蒋介石的经过，有一个非常曲折的故事。蒋介石随毛凤美在榆林读书时，对自己的堂姑蒋赛凤的女儿阿春非常倾心。于是其母王采玉就遣媒人去蒋赛凤家提亲。没想到，蒋赛凤根本就瞧不起蒋介石，不但一口回绝，还声称：“瑞元（蒋介石）是个无赖，我看将来一定是个不成器的败家子。别看他娘当他是宝似的，我是绝不会把女儿嫁给他的。”心存“望子成龙”之心的王采玉听闻此言，深受刺激，心想：同为蒋家人，你不愿将女儿嫁给我儿子就算了，还这样讥讽我们。我一定为瑞元从岩头毛姓中娶一个门户相当、人品俱佳的媳妇。随后王采玉就请家在榆林的表兄陈春泉帮忙物色。不久，年长蒋介石五岁的毛福梅入选。

微 – 蒋介石去日本留学后，寒假回家探亲。当时，毛氏已身怀六甲。一次，夫妻两人发生了争吵，毛氏顶撞了蒋介石几句，蒋介石竟然对其拳打脚踢。毛氏被踢之后伤心欲绝，倒在床上哭泣，不久就感到腹中剧痛。婆婆王采玉赶来后，将儿子蒋介石大骂了一顿，让他马上请来医生诊治。不过为时已晚，当夜毛氏就小产了。

左起：毛氏、蒋母王氏、蒋经国、蒋介石

微 – 蒋经国是蒋介石的长子，后被蒋介石送到苏联留学十三年。在此期间，毛福梅多次向蒋介石要儿子，蒋介石都找借口敷衍。1937 年，蒋经国要回家的消息传来，毛氏不信，认为是蒋介石弄来一个和自己的儿子容貌相似的年轻人骗自己。为此，她特意将全家人召集到一起加以验证。此事被老蒋得知，他哭笑不得地说："就疑心的程度来说，我不如我的老妻啊。"

微－1939 年 12 月 12 日，溪口遭到日军六架飞机的狂轰滥炸，其中，蒋介石故居丰镐房和武岭头文昌阁乐庭别墅被列为重点轰炸目标。本已逃出房外的毛福梅为了取回房门钥匙重返房中，蒋孝文、蒋方良的董姓老师急忙扶着她再次跑到后门。当她们逃到后墙的时候，三枚炸弹从天而降，两人同时遇难。当时一起遇难的还有毛氏的外甥宋涨生和另外六七个人，宋涨生当时担任着丰镐房账房一职。

蒋经国所立其母之墓

微－毛福梅去世以后，蒋介石曾去溪口她的墓前追悼。虞寿勋当时担任溪口镇武岭学校训导主任一职，他在多年后回忆说，1947 年的清明，蒋介石曾携家眷到溪口扫墓。他先是独自一人于某日清晨到毛氏坟头察看一番后，行三鞠躬礼以示敬意。之后他又和宋美龄一同来到毛氏墓前，宋在墓前行了三鞠躬礼。

微－清宣统三年（1911 年），中华民国成立前夕，不停奔波的蒋介石于上海和出身风尘的姚冶诚相识，后纳其为妾。二人婚后感情很好。辛亥革命胜利后，蒋介石为组织反袁的事情，于各地奔走。姚氏不但对这种行踪不定的生活颇为安心，追随于蒋的身侧，而且用自己平日的积蓄资助他。也是因为这个原因，尽管姚冶诚出身低微，又没什么文化，但蒋介石始终对她心存感激。

微 – 蒋介石向陈洁如求婚的词非常肉麻：“现在你已经逃不掉了，因为你已经明白我爱你到了极点。我要娶你做我的爱妻，和我共同分担我的志愿和追求未来幸福的梦想。你会答应嫁给我吗？倘若我的生命中没有你，那将是一片空虚。如果你不说愿意，我在这世间将一无所有。如果你对我说‘不’，我一定不会罢休。请你答应嫁给我吧！”

微 –1921 年 12 月 5 日，陈洁如嫁给了蒋介石。在婚礼上，蒋介石言之凿凿地说：“现在你已经成为我亲爱的妻子了，而且是我在这个世界上唯一的爱人！噢，亲爱的！除你之外，我不会再爱上别的女人。这是我对你郑重的承诺。”然而时隔不久，蒋即向宋美龄发动了爱情攻势。

微 – 为了维系和宋美龄的关系，蒋介石劝说陈洁如出国，还巧舌如簧地立下重誓：“自即日起在五年内，我一定要和洁如恢复婚姻关系。倘若我违反誓言，没有接她回国，请求佛祖将我殛毙，同时我的南京政府也会被打得粉碎。倘若我在十年二十年之内仍没履行我的责任，那么请求佛祖将我的政府推翻，同时也把我本人逐于中国国门外，永不许回来。”

蒋介石与陈洁如

微－陈洁如刚到美国时，内心无比悲哀，因为她发现自己处于极其可悲的境地。那时，她已经从报纸上了解到，蒋介石不但在国内《申报》上发表“蒋中正启事”，而且还就“蒋宋联姻”问题对记者发表谈话。无论是在启事还是在谈话中，蒋介石均已公开否认陈洁如这个夫人的存在。这样一来，陈洁如成了一个“蓄意冒充蒋夫人”的坏女人。痛不欲生的陈洁如无助地在纽约街头徘徊了一天后，决定离开这个毫无真情的人世。在她准备跳河时，一位老者拦住了她。

微－清光绪二十五年（1899年），宋美龄出生于上海。宋家祖籍是广东省文昌县（今海南省文昌县）。倘若从祖宗的源头算起，宋家本姓韩。宋美龄的祖父韩鸿翼是一位儒商，很有文化修养。别的商人被当地人称为老板，只有韩鸿翼被他们尊称为先生。韩鸿翼的后代后来改为宋姓。宋美龄的父亲宋嘉树先是当代办做进口外国机械的生意，后来创办了上海商务印书馆，是上海滩知名的富翁。

宋氏三姐妹

微 – 宋美龄和蒋介石在一起的事情，遭到其长姐宋庆龄和兄长宋子文的强烈反对。原因就在于当时的宋庆龄和宋子文与蒋介石属于不同的阵营。宋庆龄和宋子文效忠于武汉革命政府，蒋介石此时已经在南京建立了反革命政权。1927年，时任武汉国民政府财政部长的宋子文，乘坐飞机抵达上海。他此行的目的是筹款和谋求江浙财阀的财力支持。没想到，他一下飞机就被蒋软禁。后来，为了逼迫宋子文投向自己的阵营，蒋介石在征得宋霭龄的同意后，命驻扎在广州的部队将宋子文在南方政府银行的所有财产没收。当宋子文处于走投无路的凄惨境地时，宋霭龄就翩然登场，劝说他向蒋介石“输诚”，并支持小妹宋美龄与蒋的婚事。无奈之下，宋子文只能应允。时人为此嘲笑蒋介石，说他表面上是向宋美龄求婚，“实质上是向宋子文求爱”。

上了《时代》周刊的宋子文

微 – 蒋介石和宋美龄的相识，还要归功于宋子文。当时，宋子文在孙公馆举行基督教晚会，蒋介石应邀出席。在这次宴会上，蒋认识了宋美龄，顿时决定要将其追到手。随后，他就制定了追宋的长期计划。他做的第一件事就是对孙中山——宋美龄的姐夫，说自己已经“休掉”了毛氏，而且和姚氏也没关系了，只字不提新婚不久的陈氏，他请求孙中山劝宋美龄嫁给自己。孙中山并未答应。

微 -1927 年，蒋介石首次下野后就开始筹划自己和宋美龄的婚事。为了赢得宋家人的支持，他专程去日本神户拜见宋老夫人倪桂珍。在双方谈话期间，宋老夫人问他是否能改信基督教，蒋介石以相当坦诚的态度回答说自己对基督教没有研究，不能随便答应，得先仔细研读《圣经》之后再做决定。蒋介石这种诚恳的态度打动了宋老夫人，宋老夫人不但尊重了他的决定，而且将一部《圣经》送给他，嘱咐他认真研读。不过，直到 1930 年宋老夫人辞世的时候，蒋介石还没有决定是否成为基督教徒。

宋耀如（宋嘉树）与倪桂珍

微 - 凡是见过宋美龄的溪口人都说宋长得太美了，令人愿意看了再看。一天，蒋宋二人从街上回家，结果快到自家丰镐房时，二人身后就跟了一大群人。宋美龄惊问蒋介石：“后面跟着的那些人想做什么？”蒋答曰：“主要是想一睹你的芳容。”接着反问她是否愿意让众人看个够。宋问如何才能让他们看个够，蒋答：“我命人从家里搬出两张椅子，你我二人就在门口小坐一会儿，这样不就可以让他们看够了吗？”宋美龄欣然同意。于是侍从搬来两把椅子放在门口，蒋宋二人就坐在门口含笑聊天。此举的确满足了众多追美者的心愿。

微 – 根据记载，宋美龄曾经怀过孕。当时，蒋介石万分欣喜。不过，当时蒋介石的地位并不稳定，周围仇人遍布，他时常处于危险之中。一天，蒋介石的住宅中混入一名刺客。这名刺客潜入他的卧室准备行刺时，不小心弄出了动静。宋美龄听到声音后，急忙叫醒蒋介石。蒋高声大喝，虽然杀手被其吼声吓走，也没有造成人身伤亡，但是宋美龄因惊吓过度而小产，从此再未生育。

微 – 宋美龄拥有隶属于她本人的秘书室，单就能力和学识而言，她的女秘书均属上乘，不过容貌都非常普通，有的甚至还有明显的缺陷。她的三名女秘书，一个嘴上曾经做过手术，因而留下明显的疤痕；一个身材矮小，长得极不合人眼；第三个虽然有一个好身体，可惜一只眼睛有毛病。后来秘书室又配备了一名男秘书，是个秃头。

微 – 宋美龄的生活方式完全西化，而且为人喜欢浪漫。她特别喜欢野炊，这也间接地影响了蒋介石，两人对于野炊的兴趣都很高。一次，二人在中山陵野炊。架锅造饭时，不擅厨艺的宋美龄也想做一道菜。结果好好的鸡蛋被她炒得焦黑，惨不忍睹。为此，她不停地向蒋道歉。而蒋介石为了不扫夫人的兴致，再一个也不想浪费，居然将焦蛋吃光，还盛赞：“此炒蛋美味无比啊，真好吃。”看到老蒋的这番举动，侍卫们无不发笑。

微－1930年中原大战爆发后，蒋介石手中作战经费缺乏。当时国民政府的财政部长兼中央银行总裁是宋子文，但他却声称财政紧张，不能拨款。这可急坏了宋美龄。一天，她找到哥哥宋子文说：“现在战事已经到了最紧急的时刻，如果你不给他钱，他就一定会战败。我清楚介石的脾气，倘若失败，他一定会选择自杀。如果他死，我也不会独活。”因为牵涉到几条性命，宋子文不得不马上为蒋介石筹了一笔钱。

微－蒋宋二人的性格差异极大，二人的生活习惯、志趣爱好也有很大的不同。蒋介石做事比较传统，宋美龄做事比较洋化；蒋介石性情暴躁，宋美龄颇具亲和力；蒋拘束，宋开朗。总之，他们二人在很多方面都是截然不同的。新婚时，两人因为存在太多的不同而经常发生争吵，最终总是宋美龄气得跑出家门，驱车回上海。结果，不是宋美龄主动返回南京，就是蒋介石亲自到上海将她接回。

微－蒋介石和宋美龄的睡眠习惯也不一样。蒋介石是典型的“百灵鸟”，喜欢早睡早起。宋美龄则是喜欢熬夜的“夜猫子”，每天不到凌晨是不会上床睡觉的。到了晚年，两人即使住在一起，一般情况下也不在一张床上睡觉。为了不影响宋美龄睡眠，蒋介石每天起床都动作轻柔，借助一把小手电的光亮，慢慢地到洗漱间洗漱。

微 – 蒋宋二人的饮食习惯也存在很大差异。身为浙江人的蒋介石喜欢家乡的小菜，出身宗教家庭的宋美龄则喜食西餐。不过吃饭时，二人互不干扰，各吃各的。后来，在宋美龄的影响下，蒋介石的食物中也多了面包等西餐，不过其钟爱的小菜腌笋、酱瓜仍不离口。宋美龄喜食生菜沙拉，这道菜几乎是其餐谱中每餐必备的。每次见她吃得津津有味，蒋介石就会开玩笑地说：“你前世一定是一只羊，不然怎么如此爱吃草呢？”

微 – 1929 年 12 月 1 日这天是蒋介石和宋美龄结婚两周年的纪念日。当天，军阀石友三接受了蒋介石的命令率部南下广东，参加对桂系军队的作战。结果深夜两三点钟，石友三倒戈，在浦口架起几十门大炮炮轰南京城，形势一度十分严峻。天亮后，蒋介石、宋美龄夫妇于南京城中接到了宋老夫人从上海发来的电报。该电报仅“敌人将会自动退去”几个字，是《圣经》中的一句话。没想到，不久之后，石友三果然调头北撤。事后，蒋介石对于这一“基督的恩典”大为震惊。

微 – 蒋介石晚间活动的主要内容就是在餐厅里陪宋

美龄看电影或电视连续剧，影片通常是美国进口片或台湾地区各种电影公司拍摄的新片，其中有一些甚至还没有公映。

微－《梁山伯与祝英台》和《七仙女》等越剧和黄梅调影片，是蒋介石平生最喜欢看的中国电影；《巴顿将军》则是他最喜欢看的外国影片，而且经常连着看好几遍。蒋宋二人都喜欢看电视连续剧《包公传》，热情很高，可以说每集必看。

微－一次，吴稚晖陪同蒋介石到武汉巡视。当记者问吴此次的任务是什么时，他答："此次武汉之行并无任务在肩，就因为跟着蒋主席坐车不用花钱。"

微－蒋介石在《中国本位的文化建设宣言》中表达了自己对于中华文化的日益沦亡的痛惜之情："中国在文化领域中是消失了，中国政治的形态、社会的组织和思想内容的形式，已经失去了它的特征……从文化的领域去展望，现代世界里面固然已经没有了中国，中国的领土里面也几乎没有了中国人。"

微－鉴于蒋介石内定孙科为副总统之举，胡适发表评论说："倘若一个总统高兴，他表示一下希望什么人做自己的助手，那也是正当的。"某报评论说："胡适之，果然只会胡说！"

微 – 蒋介石年轻时，曾信奉社会达尔文主义，于是他就请孙中山为自己题写“弱肉强食，优胜劣败”八个字。孙中山颇不以为然，在将此事拖了半个月后，才手书“大道之行，天下为公”八个字送给了他。

微 –1948 年 5 月，国民党第一届立法委员会于南京成立。蒋介石说：“行宪后的首任行政院院长，我认为张群、何应钦两人中任意一位都可以。”黄宇说：“为什么不让胡适之担任呢？”蒋介石想了一会儿，阴沉着脸说：“书生不能办事。”

微 – 吴稚晖是蒋经国的老师，他曾收到蒋经国送的一辆人力车。车子送到后，吴稚晖马上让蒋经国用锯子把车子的两根拉杆锯掉。完事后，他开心地让人把这辆没有拉杆的车身抬到书房里。随后，他懒洋洋地坐在车上说：“我现在有了一张沙发椅了！”

微 – 蒋介石看到刘文典是民初学术界的知名之士，就想将其立为国宝。可惜刘不买账，还针对国民党当局迫害进步青年的行径发表言论。“大学不是衙门！”就是刘当时在愤慨之时说出的一句名言。此话后被许多人传诵。

微 – 蒋介石于 1928 年到安庆视察时特意点明要到安徽大学看看，不过，他的要求遭到了以刘文典为校长的安徽大学校方的拒绝。刘校长是这样说的：“我刘叔雅并不是贩夫走卒，就算是高

官也不应该对我呼之即来、挥之而去，蒋介石不过一介武夫而已，又能奈我何？”

微 - 蒋介石去安徽大学视察时，并没有看到他自己所预想的热闹场面，很愤怒，大声叫嚷着让校长来见他。没多久，校长刘文典来报到。只见此人长得瘦骨嶙峋，衣服上油迹斑斑，而且衣服上的扣子也没扣全，五颗扣子松着三颗，当真是邋遢得可以。向来讲究仪表的老蒋看不过去了，大声地问道：“你就是校长刘文典？”刘文典反问：“你就是蒋介石？”蒋介石非常生气，训斥对方：“无耻文人！你竟然怂恿共党分子闹事，该当何罪？”刘文典予以反驳。结果两人就此吵了起来，而且越吵越凶。最后，怒火万丈的蒋介石痛打了刘文典两个耳光，刘也还以一记飞脚，正好踢中了蒋介石的肚子。蒋介石一怒之下令人将刘文典投进了大牢。

微 - 才华横溢、桀骜不驯的傅斯年在蒋氏统治下，是朝野上下唯一一个敢跷着二郎腿和蒋介石对话的人。对于傅氏这种恃才傲物的态度，蒋介石竟然丝毫不以为忤。相反，他还对傅竭尽拉拢之能事。可惜的是，傅斯年坚持一生不入党、不做官的为人原则，认为教授做官纯粹是“全为大粪堆上插一朵花”。

微 - 抗战时期，张奚若任西南联大政治学教授，后被聘为国民参政员。一次开会时，当着蒋介石的面，他发表言论，批评国民党的腐败和独裁。没想到，他的话还没说完，就被蒋粗暴地打断了。蒋提醒众人："欢迎大家多提意见，但说话别太刻薄了。"因为蒋的无礼之举，张奚若拂袖而去，从此不再出席参政会。下一次参政会开会时，当局给张寄来路费和通知，他马上回电，上书："无政可参，路费退回。"1946 年初，有学生邀请张奚若在西南联大图书馆前的草坪上做演讲。结果，张的这次演讲轰动一时，当时的听众达六七千人。在演讲正式开始之前，他大声地说："倘若我有机会看到蒋先生，我必定要对他说'请他下野'。这还是客气的，倘若不客气点儿，我就要说'请他滚蛋'！"

微－对于熊十力来说，人生最大的乐趣莫过于骂蒋介石。蒋介石的侍从室官员徐复观曾想以一张一百万元的支票收买他，结果他将其骂走；一次，郭沫若带着一只老母鸡来看他，两人坐在一起痛骂蒋，他感到非常快活。熊中年时期，蒋介石已经大权在握，成为国民党军政首领。见到这样的结果，作为革命参与者的熊非常难过，内心充满痛苦和绝望之情，这是一般国民党党员无法比拟的。他痛骂蒋，甚至还做出将写有蒋的名字的报纸撕下来塞到裤裆的举动。

微－应蒋介石之请，胡适出任驻美大使。日本方面得到这个消息后，感到压力极大。日本舆论界建议日本政府当局派鹤见祐辅、石井菊次郎、松冈洋右三人一同使美，认为这样才能与胡适抗衡。日本舆论界之所以会提出这样的建议，是因为此三人各有所长，“鹤见是研究文学的，石井是搞经济的，松冈则是擅长雄辩的”。

微 –1949 年 9 月 24 日，诗人郭沫若在其作品《四川人，起来！》一诗中，号召国人起来反对老蒋的统治：“起来，大家一齐起来！全中国都快解放了，打破‘天下已治蜀后治’的老例，让四川先治起来吧！让每个四川人都成为朱德，成为刘伯承、陈毅、聂荣臻吧！今天有一件大功劳在等待着四川人，而且是轻而易举的，不是登天，不是跨海，而是活捉蒋介石！起来，四川人！九府十三州，一百单八县，全省的老百姓，一齐起来！起来！活捉蒋介石！活捉蒋介石！活捉蒋介石！”

微 – 史量才曾就国格和人格问题发表言论：“国有国格，报有报格，人有人格。”一次，对史量才早就一肚子火气的蒋介石找到他，威胁说：“你要是把我惹火了，我手下可有一百万兵！”史冷冷地看了蒋一眼，然后说：“我手下还有一百万读者呢！”

微 – 作为国共两党都想争取的人物，罗隆基成为蒋介石关注的中心。1946 年，蒋介石于旧政协会议召开前夕，派人向章伯钧、罗隆基两人示好，声称除了“国防部长、外交部长”，这二人想当什么部长都批准。章伯钧态度鲜明地回答：“就是让我干‘国防部长、外交部长’，我也不干！”罗隆基则采取柔婉的方式加以拒绝。他一边和蒋介石的使者喝酒聊天，一边告诉对方：“除非是‘外交部长’，其他的部长我不感兴趣。我本人操一口呱呱叫的英语，因此必定能做一个令人拍手称赞的‘外交部长’！”

微 – 当初，蒋介石在见钱穆之前，为了表达自己的敬重之意，特意脱下原来的中山装，换上一件长袍。

微 –1928 年 7 月 6 日，蒋介石在冯玉祥、阎锡山、李宗仁等人的陪同下去香山碧云寺祭孙中山。开棺瞻仰遗容的时候，蒋介石突然放声大哭，谁也劝不住。冯玉祥感慨地说：“老蒋演技太好了，不做演员亏了。”阎锡山则说：“老蒋要是当演员，最佳男演员奖非他莫属。”李宗仁在一边实在看不下去了，就说：“大家都别劝他了，让他尽情地哭吧，因为只有这样才能显出他是嫡系，我们既然不是嫡系，就走吧！”一听此话，蒋介石马上止住哭，急忙站起来说：“别扔下我呀！”

微 – 孔祥熙跑得气喘吁吁地来见老蒋，说：“坏了，王克敏跑到北平去了，传言他要搞一个汉奸政府。”蒋介石假作糊涂地问：“王什么？”孔说：“王克敏。”蒋态度严肃地说：“绝对不可能。你知道王克敏是自己人，没人比他更可靠了，何况我们二人的关系最为密切，他不会的。这一定是谣传！”没想到，几天后，王克敏竟然真的

建立了汉奸政府。冯玉祥听说后说："老蒋的眼睛早就瞎了，他不分好人和坏人已经很久了。"

微－1939年1月1日，蒋介石带领国民党高层遥拜孙中山的陵墓。之后，有人提出："我们要开除汪精卫的党籍，他人都飞走了。"老蒋赞同地说："应该这样。"又有人提议："早在1939年，孙凤鸣就想干掉汪精卫了，足见他多有先见之明啊！可我们却把人家给收拾了。"老蒋声言犹豫地说："这个是，这个是，让我想想……"说着说着，声音越来越微弱。结果大家一看，老蒋早走远了。

微－蒋介石的军队同西北军和晋军对阵时，阎锡山原来已经胜利在望。可惜的是，天公不作美，双方打得正激烈的时候，下起了大雨。晋军个个都是大烟鬼，犯了烟瘾，想抽几口大烟却点不着火，而没了鸦片就没了斗志；更倒霉的是，晋军的大炮也被雨水打湿了，点不着。于是老蒋将阎老西打得大败。

微－当初蒋介石搞"清党运动"的时候，有人控告王淇为"共产党"。唐生智听说后，就将一件僧衣交给王，让其化装逃跑。结果，王淇看到僧衣就说："我若穿上僧衣，就和猪八戒没什么区别了。当猪八戒的事，我七年前就做过了。不行，帮我找件袈裟，这次我一定要当唐僧！"

微－1949年初，蒋介石在会议上说："这个是，既然我们的兵是好兵，我们的将是好将，这个是，那为啥子总打败仗？这个是，原因就在于我们党内出现了叛徒，他们和共党勾结。现在，有人鼓吹和谈，和谈什么？这个是，监察院、立法院的某些人根本不替党国想一想……”于右任后来骂道：“这个是，这个是……个屁！”

微 - 一次，蒋介石在长沙召集北伐军高级将领开会。会议结束后，老蒋在检阅军队时竟然不小心从马背上跌落下来，样子极其不雅。这一幕被众将士看在眼中，大家都被惊得面色俱变。唐生智却兴高采烈地去问顾和尚（此人身世不详，不过在湖南军政界颇有威望，众人对他都相当优待）询问吉凶。顾拨拉着手指，念念有词地说：“大将出师，折旗坠马，都是大凶之兆啊。你看着，数日之内，你就可以取而代之。”果然后来发生了蒋、唐之战。

微 -1930 年，中原大战爆发。此战是发生在蒋、冯（玉祥）、阎（锡山）之间的。当时，为了鼓舞士气，蒋介石亲往陇海前线督战。5 月 31 日，其所乘的专列秘密停靠在朱集车站（今商丘），战时临时指挥部就设在列车上。当天晚上，距离火车停靠地不远处的归德机场被冯玉祥部袭击，蒋军损失了十二架飞机。此时，蒋介石身边只有二百人左右的卫队保护着。倘若冯军突袭，这些人不堪一击。身处险境时，蒋介石一个人躲在车厢里，双膝跪地向上帝祷告：“上帝在上，请你大显神通，在今夜护卫中正脱

险。此事一了，我即洗礼入教……”结果，冯军果然没有发现躲在列车上的蒋介石。

微 - 当初蒋介石在搞“新生活运动”时，要求下属“三不准”，即不准抽烟、不准娶妾、不准留西发。没想到，他的爱将陈布雷违反了“三不准”，而且是一条没落。陈布雷此人不爱理发，两个月才理一次；喜欢抽烟，一天之内就能抽一听“三五”牌香烟，和老蒋所搞的“新生活运动”相对抗。

杜聿明，陕西米脂人，黄埔系骨干，著名抗日将领，1949年在淮海战役中被俘

微 - 在陈毅写给杜聿明的信中有这样一句话：“你为什么不为人民服务，而是为四大家族服务？”杜聿明不明白，问部下：“四大家族是谁？”部下答曰：“蒋介石、宋子文、孔祥熙和陈果夫、陈立夫。”杜聿明非常生气，怒道：“老蒋真他娘的，当了四大家族，竟然不告诉我！”

微 -1941年冬，在昆明担任蒋介石和宋美龄警卫部队的是陈明仁部。蒋、宋二人非常欣慰地看到担任警卫士兵的衣着、装备都比较好，军容军纪良好。几天后，蒋介石、宋美龄在乘车外出时，途经壁关附近的公路。二人看到，正在修筑工事的士兵衣着破烂不堪，于是蒋问此为何人的部队，有人答是陈明仁部。

微 - 陈诚有很多过人之处，而且做官比较清廉，可谓两袖清风。在他进入黄埔军校学习不久，蒋介石就特别赏识他。因为蒋的欣赏，陈诚的官升得很快。1930 年后，他已经是第十八军军长，同时还兼任着第十一师的师长，俨然成为中央军嫡系的骨干。这时，蒋介石夫妇就开始关心他的婚事了，这二人决定要将他和谭祥凑成一对，这样不但能让九泉之下的谭延闿欣慰，而且还能笼络陈诚。经过宋美龄的精心安排，陈谭二人见了面，彼此感觉也不错。于是陈诚与原配办完离婚手续后，于 1932 年元旦和谭祥在上海正式结婚。婚礼上的证婚人就是蒋介石夫妇。从此之后，陈诚的身份又多了一个：蒋介石和宋美龄的干女婿，自然更受蒋介石重用。

微－宋希濂在昆明时，其夫人担心他会搞外遇，于是对他严加看管。一天，因为宋回家时已半夜了，他的夫人拷问他去做什么了，宋答打扑克去了。宋夫人不信，于是宋希濂顺手从兜里掏出一把钱作为证据，并说："你看，这就是我今天晚上赢的钱。"宋夫人非常生气，顺手抢过钞票扔到炉盆里烧了。此事被蒋介石得知，他责怪宋说："你夫人竟然把钱烧了，难道你们很有钱？这要让别人知道，影响多不好啊！"

宋希濂

微－1903 年，教育部部长王世杰受蒋介石之命在国内推行简体字。此时，身为国民党中央常委、考试院院长的戴季陶因事没有参加此项事务的讨论，所以并不知情。当他听到这个消息的时候，十分生气，跑到蒋的办公室叫嚷着，说简化汉字的行为荒谬透顶，还将破坏中华几千年的文化积淀，并说教育部趁他不在京讨论这么重要的事情，纯粹是想避着他。蒋介石向戴季陶做了些解释，但戴听不进去，坚持自己的态度，并多次在公共场合说若教育部不收回《简体字表》，他将不再参加蒋介石及国民党中央召开的任何会议。蒋介石虽然对戴季陶的所作所为不满意，认为他太过分，但奈何他是国民党元老，无奈之下只得下令暂不施行简化汉字。1936 年 2 月，在戴季陶的督促下，蒋介石又下达了“不必推行”简化字的命令。

陈立夫

微－深知蒋介石脾气的陈立夫，在接任教育部长一职时，曾要求蒋：“我接受此职的前提是，校长不能骂我。倘若校长对我发大脾气，那我次日就辞职。”果然在他担任部长的二十五年中，他从来没挨过蒋介石的骂。

微－粤系将军余汉谋曾说：“和老蒋打交道，一定得有自己的本钱。另外，对自己的职责别认真才是对的！”

微－1947 年 12 月，共产党在陕北米脂县杨家沟召开了一次重要的会议，毛泽东在会上做了题为《目前形势和我们的任务》的报告。此报告的文本被老蒋看到后，他生气地将报告摔到陈布雷面前说：“看看人家写得多好！”陈布雷按捺不住自己的火气，回之：“那可是人家自己写的！”老蒋气得差点儿背过气去。

微－据蒋介石的贴身侍卫和将领们在回忆录中的记

载，蒋介石一生有“三不喝”，即茶不喝、酒不喝、咖啡不喝。他常年只喝清水，饮食也相当清淡，基本上是清粥小菜。

微 – 因为自己不吸烟，所以蒋介石极其厌恶满身烟味的人，这种态度在对待自己的嫡系部队时特别明显，而在对待非嫡系将领时，他还是可以忍耐一下的。如果对方是黄埔子弟，那就要倒大霉了。倘若黄埔子弟被他发现手指被烟熏黄，或让他闻到身上有烟味，那么老蒋就要大发雷霆。在他看来，凡是“吸香烟者一定爱吸鸦片”。他的几个亲朋故旧，就是因为沾染了“阿芙蓉”的烟瘾，最终被他冷落。因此倘若晋见他的人烟瘾极大，那么此人一定会提前躲进陈布雷的办公室猛抽几口，接着脱下外套放在风口处吹吹。一番料理后，这个人才敢迈进老蒋的办公室。不过，陈布雷算是一个特例。作为蒋介石的笔杆子，陈布雷不但获准可以随处抽烟，而且隔三岔五还能得到美国人送给老蒋的三五牌香烟。

微 – 蒋介石平时吃饭以八分饱为准，但他却从不记着添饭的次数，于是蒋夫人宋美龄就担当起了监督的任务。有时候，就餐的小菜太对老蒋的胃口了，他吃完两小碗还想再添。这要是在宋美龄在时，往往被及时阻止。一次，宋美龄不在身边，蒋就让侍从为自己多添了一次饭，结果饭后老蒋感觉胃不舒服，问明白之后知道是自己多吃了一碗饭，还发了脾气。

蒋介石蒋经国父子

微－1925 年，少年蒋经国到上海浦东中学上学。当年恰好发生了“五卅惨案”，蒋经国因为四次参与示威活动，被学校开除了学籍。

微－蒋经国在苏联时曾做过骑兵，在此期间发生过一件趣事。一次骑兵们列队等待检阅时，因为身材矮，蒋经国被排到了最后。检阅官远远地看去，竟然看不到马头下的蒋经国，于是问：“最后那匹马为什么没有士兵？”

微－伏特加酒是俄国人的最爱，蒋经国酒量很好，还在喝酒时教俄国友人划酒拳助兴。他在莫斯科中山大学学习期间，学校为其起的俄文名字是“尼古拉”。同学徐君虎戏谑地说：“蒋经国同志，你的这个名字相当不吉利。你看，‘尼古拉’的意思不就是你苦啦吗？这下子，你在这儿有苦受了！”

微－1927 年，蒋经国的留学生涯因为中国国内的情势变化而发生了变化。那一年，蒋介石决心“清党”，国共两党间的关系日益恶化。当年 4 月 21 日，远在俄国的蒋经国在《消息报》上刊登了一篇自己的文章，向自己的父亲提出严正警告：“介石，我不认为你会听到我要说的话，你也可能根本不想读到它们……现在我要说，革命是我所知道的唯一要务，今后我不再认你为父。”因为此事，他顿时成为当时的新闻人物。盛岳是蒋经国在中山大学的同学，二人一起在苏联留学，他回忆时曾说："蒋经国发布声明后，不管我们去哪里，见到我们的人都会问：'蒋介石的儿子在哪儿？'蒋经国可谓一夜成名。"

微 – 蒋经国回国后，在父亲蒋介石的安排下，在溪口家乡读书。这是一段"洗脑"式的读书生活。当时为其补习中文、助其研读古书的徐道邻，是蒋介石专程请来的。其父是北洋军阀徐树铮，而他则是南昌行营设计委员会秘书，是为政学系的少壮分子，深受蒋的器重。此人后来官至国民党行政院副秘书长。当时恰好张学良也被蒋介石软禁在雪窦寺"读书"，蒋经国也曾奉命和张学良一道读书。

微 –1936 年，蒋纬国赴德国学习。刚到德国时，蒋纬国受到了希特勒的热情接待和悉心照顾。1939 年，蒋纬国提出回国的要求，希特勒并没有难为他，还极其谨慎地派人将他护送出国境。

微 –1937 年 7 月，抗战爆发。1938 年 1 月，在这时代发生大变局的时刻，蒋经国出任江西省保安处少将副处长。因为他所做的一系列的工作，人送美名"蒋青天"。

微 – 蒋经国在赣南禁赌时，他最擅长的就是做游戏。每次赌徒一旦被抓住，蒋经国就命人扒光其衣服，然后让其穿上一件印有"赌棍"二字的特制红背心游街，或是扫马路、扫厕所；即使是女性参与赌博被抓住后，也是同样的处罚方法。

微 – 身为有妇之夫的蒋经国在主政赣南期间，在结识了青年干修所的学员章亚若后，很快就坠入了爱河。二人同居后，生下了章孝慈、章孝严（后改姓蒋）。一位名叫王升的学员与章亚若拜过把子，在章蒋二人之间又充当过掩护者，日后成为蒋经国的心腹。原国民党中央通讯社记者曹聚仁曾和蒋经国长期相处，对“小蒋”的个人生活给出过如下评语：“相比于其他要人，他并不更荒唐，但也不是不荒唐。”

章亚若，毕业于南昌中学，美丽而富有才情，蒋孝慈、蒋孝严之母

微 – 其实，对于儿子蒋经国和章亚若的恋情，老蒋在开始的时候就了解内情。后来，章亚若生了双胞胎后，蒋经国就将此事正式告诉了父亲。当然，这件事最终也传到宋美龄耳朵里，自己

做了祖母，她自然也很高兴。蒋介石当时连声说“好”，还叮嘱蒋经国：“好好地照顾他们母子，但此事不可张扬，谨记！”随后，蒋介石命人暗中为章送去一笔钱，叮嘱她安心静养。双胞胎满月的时候，蒋介石特意允许蒋经国将两个孩子按蒋氏宗系的排行，就像孝文、孝章一样，取“孝”字辈排行。于是蒋经国为两个孩子分别取学名“孝严”“孝慈”。虽然两个孩子当时暂随母亲姓章，但还是被列入蒋家“孝”字辈。

微 – 蒋经国经常在口中哼唱：“两只老虎，两只老虎，四只脚，四只脚，一只没有尾巴，一只没有脑袋，真奇怪，真奇怪！”每每唱完，他还问大家自己唱得好不好。众人皆夸：“好听！”于是“小蒋”便接着唱：“我骑驴牵马，来到潼关，待我下马一看，只见两个大字：潼关呀潼关……”然后问：“我唱得好听吗？”随从答道：“还是两只老虎好听啊！”

微 – 蒋方良居住在杭州时，因为蒋经国长期不在身边，就经常抽烟、打麻将打发时间。可惜她手气太差，逢赌必输。于是每次钱输光时，也就是她去南京找宋美龄的时候。她见到宋美龄时，常常亲热地喊：“妈妈……”次数多了，宋美龄就琢磨明白了其中的奥妙。一次，蒋方良又来见宋美龄，宋哭丧着脸说：“黄毛一定是又输光了，找我要钱来了！”

蒋方良，白俄罗斯贵族，在苏联劳改现场与蒋经国认识并结婚

微 – 开始的时候，因为蒋经国的洋妻子蒋方良长着红眉毛、绿眼睛、高鼻梁，所以其母毛福梅对这个儿媳妇很不习惯。但两个活泼又有趣的孙儿、孙女令她爱不忍释。蒋方良到了中国后，没多久就开始穿起了旗袍，还学着用筷子，甚至可以慢慢地说些宁波话。这就更让毛福梅开心。在溪口时，蒋方良正怀着蒋孝章，但她仍然下水游泳。毛福梅看到后，吓了一跳，说："小心你肚子里的小经国呀！"蒋方良调皮地答道："NO! 是小方良。"

– 微 –

基督将军：冯玉祥家族

冯玉祥是民国时期著名军阀、爱国将领、蒋介石的结拜兄弟。冯玉祥一生倒戈三次，有“倒戈将军”之称！他就像一个政治投机商。起初因为没钱、没外国势力做靠山就投靠段祺瑞。后来被张作霖攻打、战败、被迫出走苏联。再后来，与蒋打起了中原大战，被蒋打败后再次下野，到处宣扬反蒋、积极抗日。最搞笑的是他居然强迫手下几十万将士都信了天主教，每天还要祈祷天主保佑，靠宗教来控制部队。

52分钟前　　来自微历史　　转发(188) | 评论(25) 52分钟前

冯玉祥一家

微－冯氏家族于明朝永乐年间在巢县西北乡的竹柯村定居。冯玉祥的曾祖父冯彩明是冯氏家族的第十五代。冯彩明和妻子周氏一辈子做着贫苦的佃农，共育有冯云士、冯连士、冯玉士、冯邦士四个儿子。冯云士没有儿子，就将胞弟冯连士的二儿子过继到自己名下。冯玉祥的父亲冯秀文就是这个过继的男孩。家谱中，冯秀文的名字是冯兆文，后来改为冯有茂，字郁亭，1846 年出生。

微－一次，因为没有钱为生病的冯连士买药，冯玉祥的父亲不得不装上一袋“锅巴”到巢湖去凿冰捕鱼，想换钱买药。为了抓到鱼，冯有茂经常在大风雪中待到后半夜。而当时他一天的干粮就是去时怀里装的一袋“锅巴”。然而，有时家里实在揭不开锅了，“锅巴”也没了，于是冯有茂就经常空腹干活。冯连士的病越来越严重，后来到了严冬，巢湖上结了厚厚的冰，摸鱼换钱已经不可能了。冯有茂苦思着对策，最后终于想到了一个办法，那就是在冰上凿一个大洞，然后旁边放一盏油灯，鱼儿看到亮光，就会向上跳。

微 - 冯有茂到一户张姓地主家做佣工。当时，张家专门聘请了武术教师教自家的子弟，希望他们以此能考中武举，获取功名。冯有茂就在干活的间隙，偷偷学艺，最后竟然考中了一名武秀才。

微 - 考中武举后，冯有茂就以此为进门的阶梯，先是投到淮军刘铭传手下。因为作战勇敢，屡立战功，冯有茂参军没多久就被提升为下级军官。

微 -1892 年，冯有茂受命率人去修河，而且发誓在这一年绝不让河堤决口、为害地方。为此，他召集部下全体士兵，训话说：“倘若今年河堤再决堤，我将第一个跳入河中。”修河工程还没完成，突然发大水了。冯有茂竟然真的跳入水中，想以身殉职。后经兵丁们奋力抢救，才将他救起。因为他的一腔义气，手下的兵士深受鼓舞，人人奋不顾身，冒死抢修河堤。最后，洪水未能泛滥成灾。

微－冯有茂和妻子游氏一共有七个孩子，但由于家庭生活困难，孩子营养达不到，最后只活下来两个。这两个孩子就是长子冯基道，次子冯基善（即冯玉祥）。为了维持生活，冯有茂就想方设法让才十岁的冯基善到兵营中补额领饷。一次，兵营中好不容易有了一个空缺，冯有茂的好友苗管带急忙为冯有茂的儿子留下这个空缺，但他不知道孩子的名字，于是顺手填上了"冯玉祥"三字。从此以后，他就改名叫冯玉祥。

微－1899年，冯有茂因年老体衰被军中裁汰。因为在保定没什么可赖以生存的，他不得不把冯玉祥留在营中，自己一个人返回家乡。父亲走后，冯玉祥特别难过，从此他将每月多挣几两银子、能够早日迎养慈父定为自己的重要目标。当时军队里每哨里要设一个教习，其职责就是专门代替官长喊操，而且这种教习的待遇根据其能喊的人数多少而定。为了多挣几个钱，冯玉祥每天天不亮就起床到东大校场练习喊操，一年四季不停止，坚持苦练。为此，一些人叫他"外国点心"，言外之意就是他这样拼命喊操，早晚会被洋鬼子打死。冯玉洋却不以为然，反而特意刻了一枚"外国点心"的图章来勉励自己。

微 –1909 年的一天，一个人来冯玉祥房中串门，他就是革命党人孙谏声。当他看到冯玉祥在潜心阅读《曾文正公家书》时，便问：“你还想当忠臣孝子吗？”冯玉祥反问他：“当忠臣孝子难道不好吗？”孙谏声答：“我不反对当孝子，但我不赞成当忠臣！”过了一会儿，他把《嘉定屠城记》和《扬州十日记》这两本书给了冯玉祥，这是他从自己的营房中拿来的。接着，他郑重叮嘱冯玉祥，让他在没人的时候看，千万不能让别人看见。

微 – 张敬尧兵败后北上投奔靠山段祺瑞，但段祺瑞非常瞧不起他，对他态度极为冷淡。为此，郁郁寡欢的张敬尧就去投奔驻扎在南口的冯玉祥。冯玉祥一见到他，就让人把他绑了起来，还历数他祸害湖南的罪状，最后把《新旧约》和《三民主义》两本书给了他，同时说：“等你读熟了这两部书，我就放你走！”两个月后，张敬尧将书读熟，甚至能够背诵其中的一些章节，冯玉祥在敬佩之余，只得把他放走了。

微 – 抗战时期，冯玉祥练习着写白话诗时，称自己所写的诗为“丘八诗”。每逢写好了诗，为了判断诗句是否通顺，他就去请老舍、何容和老向（王向辰）这三个研究中国通俗文艺的大家为自己审阅文稿。

微 – 当初陶行知在晓庄办学，土匪经常给他发来恐吓信，向他勒索钱财，如信中常写着：“马上准备好三千元、十条香烟，还有十瓶花露水，不然就要你们的命！”此事被冯玉祥得知，他拍案而起，骂道：“岂有此理，索要三千元、十条烟也就算了，竟然还要花露水！当土匪竟然还怕蚊子咬，还当什么土匪啊！”

微 – 在常德驻军时，冯玉祥每天都要用两小时的时间学习英语。每逢学习时，他就要在门外挂上一块写着“冯玉祥死了”的牌子。等学习结束后，他再开门把牌子拿下来，然后告诉大家：“冯玉祥活过来了。”后来，他可以在美国的街头用英文做反蒋演说。

微 – 冯玉祥喜欢用白话文写诗，他曾经写过一首名为《做官好》的诗，内容是：“做官好，做官好，一人做官全家好！爷爷是三辈，太太奶奶人称道……麻雀牌儿当正事，鸦片吗啡吸打好。各项技艺全，差事有时不能保！如何好？妹妹妻子送上高级衙门去，不但差事不掉，并且更好加一保。现在事事多如此，请你莫怪了！做官好！做官好！”

马寅初

微 – 冯玉祥特爱学习，为此，他特意请马寅初做自己的老师。当马寅初说他不成熟时，冯玉祥就急了，分辩说：“在我还是小孩子的时候，我喜欢在街上淘气，用浮土挖个坑，撒上一泡尿水，然后用浮土盖上，行路人一不留心就踏了一脚尿泥。难道我冯玉祥现在还玩那玩意儿吗？”

微 - 有人曾以一副对联形容冯玉祥将军开会的情景：一桌子水果，半桌子茶点，知否民间疾苦；三点钟开会，五点钟到齐，是何革命精神？

微 - 蒋介石攻打冯玉祥时，因为知道冯玉祥治军极严，冯严令禁止手下的兵士们赌博、抽烟、玩女人。于是，蒋介石就故意让部队在阵地搞了个俱乐部，还利用火车车厢和汽车搞起了流动酒店，招呼西北军过来吃喝玩乐，他还让人雇了不少舞女前来助阵。此举令西北军晕头转向，冯玉祥无奈之下，气得大骂蒋介石无耻。

微 - 赵登禹长得特别魁梧，在冯玉祥手下当兵时，一次冯玉祥问他长着那么高的个儿，有没有胆量跟他摔跤，赵登禹就说如果把他摔坏了怎么办，冯玉祥说："那就要看你有没有那个本事了。"没想到，赵登禹轻而易举地把冯玉祥摔了三个跟头。他的同伴都说："赵登禹，你小子死定了，你竟然敢摔将军！"没想到第二天，冯玉祥找到赵登禹，让他做了自己的警卫官。

微 - 冯玉祥常常让士兵脱去鞋袜，亲自为他们剪脚趾甲。一次，一个士兵因为喝酒受到了冯玉祥的惩罚，于是他故意三个月不洗脚，结果一脱鞋，真是"十里飘臭"。他特别得意，逢人就说自己这次一定要把冯玉祥熏倒，一定要臭死他！

微 - 冯玉祥虽然追求思想进步，为人也很朴实，但他性情反复无常，有时相当不近人情。因此，他是一个可敬而不可爱的人。同时，他治军家长作风严重，所以手下出现了非常多的反叛军官，像韩复榘、石友三、吴化文就是其中的典型人物。当初，韩复榘是冯玉祥的文书，最后却反出山东；石友三是冯玉祥的马夫，竟然三年四叛；吴化文从十六岁开始就做冯玉祥的传令兵，冯玉祥特别喜欢他，后来因赌博输钱，冯玉祥扬言要活埋他，于是他就投奔到张自忠那里，接着又进入韩复榘部，不断升官。

微 - 一次，冯玉祥检查陈士魁记录的自己的私人用项账目，意外地发现有水獭帽子一顶、头等火车票一张登记入账。冯玉祥特别惊讶，就追问帽子和火车票是谁用的。陈士魁胆战心惊地说，火车票是冯洪国从北京回张家口时用的，帽子也是他戴的。冯玉祥马上让人将冯洪国叫来，一边顺手把房门关上，一边怒气冲天地厉色责问儿子："你爷爷的出身是什么？"少不更事的冯洪国被父亲这个问题弄得很迷惑，就回答是泥瓦匠，也当过长工。冯玉祥接着问他："你爸爸的出身是什么？"冯洪国更不明白了，就回答是当兵出身。听到这儿，冯玉祥大发雷霆，扇了冯洪国好几个耳光，还让他跪在地上，厉声训斥他："你既然知道自己爷爷、爸爸都出身贫寒，还戴水獭帽子、坐头等火车。你想想你配吗？”说完之后接着打他。

微 –1923 年 5 月 7 日，为了纪念国耻，冯玉祥召集众将士搞“攻打日本”的演习。演习时，他特意邀请了不少北京政府的官员。这天中午吃饭的时候，冯玉祥特意让人做了刻有“勿忘国耻”的窝窝头、咸萝卜和凉白开作为午餐，而且每人仅限一份。就餐时，他说：“今天是国耻纪念日，我们在今天不动烟火，都吃冷食，实在对不起各位，改天我再请大家吃大餐。”当时宾客中有人气极而骂：“冯玉祥真是个小气鬼，只给窝头不给肉，连碗凉水里也不给放糖！”

微 –1925 年，冯玉祥驻防张家口。其部下为了宣传他艰苦朴素的生活作风，特意以“冯玉祥的家庭生活”为题拍了一部小电影。后来，段祺瑞的内弟吴光新因公事来到张家口，于是冯玉祥就请吴光新看电影。吴光新看到银幕上冯玉祥在茅草亭里看书时，口称“荒谬至极，无聊透顶”，说完扭身就走。冯玉祥的部下说：“吴大爷生气啦！”冯玉祥则超级自恋地说：“他这个伙夫出身的人，怎么可能欣赏艺术。”

微 –1931 年，冯玉祥带着余部退到峪道河山沟，此地距离汾阳县城约三十余里。冯玉祥在这里买了二亩地，自己种菜、种瓜，还养了三十只羊、四头猪，过的完全是自给自足的生活。此事被蒋介石得知后，他对冯玉祥此举颇不以为

然。后来冯玉祥就对人说："我老冯吃的是自己种的菜、自己养的猪的肉，那可是纯绿色食品，环保、无污染！他老蒋能像我这样吗？有本事他来试试！"

微-1940年，冯玉祥在重庆期间，孙科专门来拜访他。看到孙科那一副花花公子的样子，冯玉祥就问："你平时开车都多少迈呀？"孙科很老实地答道："一般都不超过七十迈。"冯玉祥就说："你看你那么忙还抽时间来看我，我请你吃棒子面窝窝头，你觉得如何？"孙科答曰换换口味也很好。结果，孙科吃了两个窝窝头，皱了十次眉，哽了七次脖子。冯玉祥可开心了。

微-冯玉祥将军在担任河南督军后，提倡艰苦朴素的生活，省会开封的风气为之改变，当时人们竞相抛弃绫罗绸缎，转而追求粗衣布鞋。一时间，各级官僚竞相抢购粗衣布鞋，结果徐府街估衣店的旧衣服都供不应求了。

微-1933年夏，冯玉祥于张家口通电抗日，当时已经六十多岁的王章祜欣然跑去投奔冯玉祥，强烈要求上前线杀日敌。没多久，王章祜因病去世。冯玉祥称赞他是老顽童，而且是真英雄。

微-1918年2月，冯玉祥假装率部西上，其旅部书记杨道洙追问他是不是真要西上，冯答曰：

"当真。"杨道洙说："如果你去，我就自杀。"冯玉祥就劝道："别耍小孩子脾气。"杨道洙说自己是认真的，冯玉祥不相信。结果没过几天杨道洙就拔枪自杀了。消息传到冯玉祥耳朵里，他失声痛哭："傻子哟，我不过是逗他们玩儿呢！"

微 – 冯玉祥发动北京政变后，张怀芝黯然神伤地离开军界，投身到工商业大潮中。1927 年，张怀芝用十六年时间修建的宅邸万竹园正式竣工，非常豪华壮观。冯玉祥听说后，皱着眉头说："这老家伙是不是打算搞个紫禁城来住啊！"

微 – 段祺瑞在征讨张勋结束后打电话问冯玉祥关于报销军费的事，冯玉祥就实话实说："全旅一共花了一万多块钱。"段祺瑞就说他真傻，还说："人家每师都报到六七十万元，每个旅都报到二三十万元，你怎么就报这么一点儿？算了，你的报销一笔勾销了吧，我另送款子给你！"

微 – 冯玉祥对军纪要求很严，严令高级将领保持简朴的生活。后来这些将领的官越做越大，他们中的一些人开始追求吃喝玩乐。当然，这一点是冯玉祥坚决不能允许的。当时的韩复榘已经做了河南省主席，他就经常瞒着冯玉祥出去嫖赌玩乐，甚至在出巡的时候还娶了一个叫纪甘青的名伶女子做小妾；石友三更是背着冯玉祥吸食鸦片，娶了众多的妻妾。当冯玉祥隐约地知道这些情况后，非常生气，就把军政人员召集起来训话："现在许多军政高级官员，生活很腐化，不只是吸烟、喝酒、打牌，还时不时弄个唱戏的，搞个说书的……"韩石二人吓得魂飞魄散。

微 -1915 年夏季，冯玉祥率军入川，不久，陕西和成都来的拥袁称帝的电文就到了他的手中，要求他在通电上签名。冯玉祥看罢电报，召集全体官兵、伙夫，号召他们反对帝制，并向手下人表明自己的态度，声称自己绝不会做在电文上签名的无耻勾当。结果几天后，由王士珍领衔的拥袁称帝通电发布了，上面签名的人除了没有冯玉祥，其他北洋系少将以上的军人都签了名。

微 - 白崇禧乘火车到郑州去见冯玉祥。车驶入河南境后，他看见沿线各站都贴有"欢迎白总指挥"的标语，于是对随从说："看见没？这个冯玉祥就是会做宣传工作啊！"车到郑州后，白崇禧看到迎接自己的冯玉祥身穿一件灰布皮袄，脚上是一双布鞋，看上去和一个老实巴交的农民没什么区别。于是白崇禧摸着下巴说："你有那么穷吗？穿得可真寒碜！"

微 - 白崇禧离开郑州，到达邢台的鹿钟麟部后，发现这里的会客室比冯玉祥的还气派，于是说："冯玉祥的部下比他还有钱。"鹿钟麟连忙解释：

“主要是因为我这里冯大帅不来管，所以他看不到我这里搞小腐败。”白崇禧笑了，鹿赶忙又说：“其实吧，冯将军特有钱，没办法，谁让他就是个受苦的命呢。”

微 – 冯玉祥军和张勋的辫子军在兖州会师后，两军开拔，冯玉祥和张勋同乘一辆专车。张勋的手下殷勤地跑来汇报：“报告大帅，我们的部队已经运完了，可是冯大帅的队伍还没出发，而且秩序极乱，就像一群蚂蚁，真是笑死人啦！”张勋听后大骂他：“混账东西，不要胡说，没看到冯大帅就坐在我身边嘛！”结果冯玉祥很淡然地看了张勋一眼后说：“张大帅，你的人真他妈的没教养。”

微 – 冯玉祥在美国期间，经常公开发表演说骂蒋介石。此事被蒋介石知道后，他特别生气，让冯玉祥马上回国。为了鼓励自己的丈夫，远在柏克莱的李德全修书一封给老冯，上书：“老蒋召你回国……证明你在人民心目中的威望更高了，高得让他害怕了，加油吧，光明就在你眼前了！”

微 – 阎锡山将冯玉祥软禁在五台县建安村后，冯玉祥曾让自己的亲信暗中和蒋介石联合。此事被老阎知道后，他深感大事不妙，于是就学廉颇负荆请罪，光着膀子，背上绑了一根棍子跑去见冯玉祥，而且还跪在地上涕泪交流地说：“焕章老弟，我听信了谗言，对你无礼，现在哥哥我向你负荆请罪来了。”

微－当初，阎锡山为了在山西弄个官职，厚着脸皮自称是姚锡光的外甥。一次，冯玉祥对着他重提旧事，说没看出来，他的脸皮从前那么厚。结果阎锡山淡定地告诉他，当官如果脸皮不够厚，那还不如去养猪！

微－北伐战争后期，奉军北撤，冯玉祥的第二集团军部队进驻河北。对于这些参加革命多年、劳苦功高的冯军各级官佐来说，此时有了大把的时间，于是纷纷找机会娶妻纳妾。一时之间，当地女子学校的学生供不应求。望都县的一个女子学校的校长找到韩复榘的军部，抱怨自己这个校长没法干了，因为他的学生都快被韩复榘手下的军官娶干净了。

微－韩复榘投靠了蒋介石后，在情感上还是倾向于冯玉祥，二人之间仍旧情同父子。中原大战失败后，冯玉祥无奈之下避居于泰山，当时他随身只带着两个连的手枪队。作为他昔日的老部下，此时的韩复榘已经是山东省主席，宋哲元做了察哈尔省省主席，刘汝明当了军长。于是大家约定：韩复榘负责每月给老长官五千大洋和五百袋面粉，宋哲元则每月给五千大洋，刘汝明每月给三千大洋。

微－一个英国人在察绥一带创办了一个合记公司，该公司养了约二十万只肥羊，利用中国廉价的劳动力，利用我国广阔的土地和丰盛的水草，大发横财。当地历任官员皆怕洋人的势力，不敢予以干涉。冯玉祥听说此事后，派人调查核实后，将这个英国人养的二十万只羊全部没收，将羊宰杀后，羊肉分给士兵们吃了，羊皮则全部用来制作军衣。

微 – 五原誓师后，冯玉祥领导下的西北军内的基督教活动忽然结束了。政治员取代了牧师，朝会取代了礼拜，《国际歌》取代了圣歌，革命理论课取代了布道。

微 – 早在当连长时，冯玉祥就为自己选择妻子定下三个标准：能担水；能写信；品行端方，不喜奢华。

微 – 刘德贞是冯玉祥的结发妻子，是河北沧州人。刘德贞的姑母是陆建章的夫人，其本家的一个妹妹则是阎相文的妻子。这其中本就存在十分巧合的联姻关系，而令人惊奇的是陆建章、阎相文、冯玉祥又先后担任了陕西省督军，所以时人称此三人为“督军三夫人”。

微 – 在发动北京政变前夕，冯玉祥在报上刊登了征婚广告。广告一登出，应征者无数。冯玉祥问这些应征者的第一个问题是一样的，那就是：“你为什么要和我结婚？”结果，得到的答案都不能让他满意。最后，应征者中一个肤色微黑、身材健壮的女子的回答令其肃然起敬。此女子的答案是："上帝怕你在人间做坏事，特意派我来管着你。"此人就是冯玉祥的第二任妻子李德全。

李德全

微－因为冯夫人李德全是信教的人，所以冯玉祥的部下中那些谄媚邀宠之流纷纷申请加入教会。其中，冯玉祥的爱将张之江对宗教的虔诚已经达到疯狂的程度。一次，他奉命在廊坊枪杀徐树铮后，竟然天天祈祷，三句不离"耶稣"。张树声是冯玉祥的另一员爱将，据说此人曾经是青帮头子黄金荣的徒弟，而且在青帮会中的地位特别高。不过，这个张树声也是教会中人，而且满口"耶稣"。据说为了向冯玉祥献媚，他每收一个"徒弟"，一定要让对方同时接受洗礼。所以冯玉祥及其夫人特别宠信他，他在冯李二人心目中的地位后来远胜于张之江。

微－冯玉祥曾为了显得威风凛凛而留胡须，结果夫人李德全说："野蛮人遍体多毛，文明愈演进，毛亦愈少。"听罢此言，冯玉祥马上把胡须剃掉了。

微－李德全和冯玉祥结婚后，积极投身妇女运动。她曾组织"首都女子学术研究会"，希望提高妇女的文化水平，这个研究会不仅教妇女文化知识，甚至还教她们开车和实弹射击。她还在演讲时鼓励妇女要自强："女子结婚以后，即从事家庭琐事；而男人仍在社会工作，时时有进步。这样女子如何能和男子竞争呢？”老冯经常夸赞她：“好媳妇啊。”

微 - 被称为奇女子的李德全，当年在协和女子大学读书时，曾是学生会会长。第一次世界大战结束后，巴黎有人骂中国人——“中国不值二毛五”。这个消息传到李德全的耳中，她特别愤慨，为此写了一份抗议书放到美国校长的办公桌上。抗议书上写着：“中国不值二毛五，全中国四万万五千万人，每人值0.0000000005！”

- 微 -

四川第一家：刘湘家族

刘湘不但是中国近代史上一个叱咤风云的大人物，也是民国“四川第一大家族”的功臣。其父刘文刚，是当地的地主兼商人，用今天的话说是个“复合型人才”，正是这个复合型的老子，才培养出来一世枭雄的儿子。刘湘成为川军的老大其实并不容易，他不嫖、不赌、不抽鸦片，这都是因为他有位很牛的老婆。刘氏家族枭雄辈出，以刘湘和刘文辉为代表，县团级军政官员有50位之多，素有“三军九旅十八团，营长连长数不完”的说法。

52分钟前　来自微历史　转发(188) | 评论(25) 52分钟前

微 – 刘湘的爷爷刘公敬是刘宗贤的次子。刘公敬长得五大三粗，从小就喜欢舞枪弄棒，好勇斗狠，性格刚烈而暴躁，而且做什么事都一副心不在焉的样子。此人身体素质奇好，膂力过人，当年在参加武状元考试时，几项成绩都顺利过关。不过，听说因为没给考官送礼，最后被刷了下来。最后他还是考中了武秀才。刘文刚、刘文郁、刘文福、刘文礼是刘公敬的四个儿子，其中长子刘文刚那一支最为兴旺。刘文刚是做贩卖谷物生意的，后来发展到拥有四十多亩水田。刘文刚有三个儿子，分别是刘元勋、刘元树、刘元聪，长子刘元勋就是刘湘。

微 – 刘湘有个叔爷爷叫刘公赞，他是刘公敬的三弟。此人既不像大哥一样死读书，也不像二哥一样身强体壮，孔武有力。他把经世致用奉为人生哲学，务实求变的精神充盈在他全身的每个毛孔中。刘公赞拥有四十多亩地，但他并不满足，还将目光投注到刚刚萌芽的乡村工业和手工业上。他自己创办了酒坊，在他的经营下，酒坊在十里八村非常有名。刘公赞非常勤劳，每天清晨，他都会早早出现在酒坊；夜晚，当别人家的灯熄灭时，酒坊的灯还亮着，不时传出雇工们工作时发出的低沉的号子声。刘文渊、刘文运、刘文昭、刘文成、刘文彩、刘文辉是刘公赞的六个儿子。

微 – 刘湘在陆军速成学堂学习时，同班同学中有一个叫刘炳勋的。此人的父亲是满清八旗军队驻成都的官员。对于八旗军官，刘湘充满了景仰和好奇之心，因此就主动接近刘炳勋，并与之成为亲密的朋友。两个人熟悉后，刘湘就经常去刘炳勋家玩。就这样，刘湘认识了刘炳勋的父亲。刘炳勋的父亲对刘湘印象很好，不但经常给刘湘经济上的援助，还让自己的儿子多向刘湘学习，因为他认为刘湘为人谦虚，有着高远的志向，将来一定会出人头地。后来，刘炳勋果然遵从父亲的教诲，一直追随刘湘，先后在刘湘手下做过旅长、机关枪司令等职务。

微 – 唐式遵是川军师长，人送绰号“唐二瘟”。此人生性怯懦，缺少军人的阳刚之气，因此又被时人称为“唐瘟猪”。一次，刘湘到唐式遵部巡视，顺便为士兵发放三个月的军饷，以犒劳三军。第一个领到军饷的士兵一数，发现只有一个月的，于是大声嚷嚷，说军饷的数量不够。听到士兵嚷嚷，刘湘心里直发毛，但他还是假作镇定地盯了唐式遵一眼。唐式遵马上明白了刘湘的意思，对士兵们解释说：“兄弟们，因为怕你们拿到银洋后去吃喝嫖赌，很快花光，我就把它扣下了。我准备用这些钱去做生意，等发了财，加倍还给大家。”唐式遵的随机应变给刘湘留下极好的印象，从此他受到刘湘的器重。

刘湘

微 – 刘湘任川军第一师团长时，刘存厚任川军第二师师长。刘存厚是四川简阳人，清末的秀才。刘存厚早年曾到日本陆军学校学习，毕业后，他就回到四川任武备学堂堂长，是川军武备系的重要人物。刘存厚此人极擅见风使舵。辛亥革命前后，他的政治态度摇摆不定，先归附蔡锷，后投靠张勋、段祺瑞等。总之，他的原则就是谁有权势就投奔谁，人送外号“刘厚脸”。

微 - 周成虎是刘湘的太太刘周玉书的弟弟，他在被刘湘派到法国洽谈购船事宜时，不愿意坐汽车，就专门将“滑竿”随身带着，同时跟随他去法国的还有抬“滑竿”的轿夫。后来，周成虎在巴黎街头乘“滑竿”的事情成为当时轰动一时的新闻。据说法国海军军官对“滑竿”这种交通工具特别感兴趣，一个个不惜花费重金试坐。

微 - 刘湘非常迷信术数，尤其对风水、运道之类特别痴迷。为了能早日出人头地，他就想将自己母亲的坟墓移到一个风水宝地重新安葬。刘湘早年在速成学堂时，有一个叫李子俊的同学，据说他的弟弟李子模精通堪舆之术。李子模向刘湘自荐，说自己可以帮其寻找一块运气旺盛的龙凤穴。可能是李子模功夫不到家，也可能是他们兄弟俩活该倒霉，等刘湘按他所说，将母亲的坟墓移到指定的位置后，不过百天，刘湘的两个儿子就先后死亡。为此，刘湘的夫人刘甫婆极为愤怒，亲自带着几个士兵找到李氏兄弟，将二人一顿痛打。刘甫婆越想越恨，竟然让人将李子模的胡须一根一根地拔下来，痛得李子模哇哇大叫。

微 – 卢作孚以重金贿赂神棍刘从云，这位刘神棍就对刘湘说：“古人曾说‘一林不藏二虎，一川不容二流’，湘字是水旁，辉字是火旁，水火相克，只有水盛才能灭火！所以，所有和水字有关的事情，主公都要多多关心并加以辅助。”刘湘问自己应该怎么做，刘神棍就劝其兴水德。于是从此之后，作孚民生公司在川江上再无阻碍，成为民族资本企业的一面旗帜。

微 – 刘航琛虽然经常缺课，不过在著名经济学家马寅初于北京大学讲授“货币学”课程时，他却逢课必到，对这门功课可谓情有独钟。可是，刘航琛却让老师马寅初非常头疼。原来，刘航琛喜欢在马寅初的课堂上举手提问，而且极爱钻牛角尖。为此，每次上课之前，马寅初必得精心准备，以防被其问住。多年后，刘航琛的女儿刘敬容恰巧也成了马寅初的学生。马老曾开玩笑地和刘敬容提到她的父亲刘航琛，说他当年上自己的课时喜欢挑眼，自己一看到他来上课就头痛。

微 – 刘航琛的手下都知道他贪恋女色，于是他每到一处办公，部下招待他都少不了女色这一项。纵然如此好女色，刘航琛却坚持自己绝不染指良家妇女的道德底线，即使对方是寡妇也不碰。“非卖品不能碰”是他常挂在嘴边的一句话。

刘航琛，四川泸州人，民国著名金融家

微 – 刘文辉生于 1895 年，死于 1976 年，字自乾，是刘公赞的第六个儿子。刘文赞娶高氏为妻后，一连生了五个儿子。高氏将近四十岁时，才生了刘文辉。因为年龄较大，高氏生刘文辉时难产。幸亏有她那位声名远播的接生能手二儿媳妇帮忙接生，她们母子才得以保全。然而，刘文辉出生后，高氏没有一滴奶水。巧的是，其兄刘文渊的妻子正好生了女儿，而且奶水充足，可以喂养两个孩子。后来刘家人说，刘文辉是母亲所生，二嫂接生，长嫂喂养。

微－1908年，十三岁的刘文辉听说省城成都办了一所陆军小学堂，而且该学堂专门招收少年儿童，于是他坚决要求去成都读书。其兄刘文渊负责教育他，看到人小鬼大的六弟竟然想去省城读书，就竭尽全力加以阻挠。没想到，刘文辉却又哭又闹，最后甚至以绝食相逼。其父刘公赞得知此事，就问他想去成都读书的原因，刘文辉干脆地回答自己想去读书是因为读书可以当官，而且那所学堂不收学费。

微－刘文辉起义后，蒋介石集团不只对他展开军事上的进攻，还抄了他的家。当时甚至有人想取他的性命。胡宗南的手下就将重达一百多公斤的黄色炸药和雷管装置埋在刘公馆地下，想等刘文辉回家后将其一网打尽。胡宗南部撤离后，刘公馆无人看管，几个小贼乘机进去行窃，没想到无意中碰响了炸药。一瞬间，刘公馆的三幢房屋被炸毁了两幢，三个小贼也两伤一死。事后刘文辉得知了情况，半天没说话。

微 –1934 年，轰轰烈烈的二刘之战结束后，四川一直处于“防区制”中。这种情况一直持续到刘湘统一四川。在此期间，各路军阀各显神通，袍哥土匪在当地横行，与省城距离很近的新都县甚至发生了土匪在青天白日下到县衙里去抢人的事情。为了政府的颜面，当局不得不派军队去剿匪。不过兵匪本是一家，让兵去剿匪，实在没办法剿。最后，军队在每次出动剿匪时，便预先派人通知土匪，让其避开。如果土匪想抢劫哪里，他们也会提前和军队打招呼。结果，剿匪数月，竟没抓到一个土匪。新都人民为此赋诗一首讽刺这种现象：“兵来匪无影，匪至兵无踪；可怜兵与贼，何日得相逢。”

微 – 刘文彩巧立名目筹措巨款，为此他弄出个“预征田赋”的名头。所谓的“预征田赋”，就是农民不但要交足当年的田赋，还要提前预交次年甚至以后若干年的田赋。在刘文彩的这种“管理”下，到 1932 年，叙府一带的农民已经将 1957 年以前的田赋都预交了。当地的税种更是五花八门，令人眼花缭乱。如住房要交房捐，行船要交船捐，做妓女的要交花捐，上厕所要交厕所捐，其他的锄头捐、扁担捐、草鞋捐等更是数不胜数。当时的叙府市民倘若想看戏，其所购戏票的钱款中已经包括了娱乐税、防空捐、伤兵亡友费、荣军营养费、修路公园费、黄河救灾捐等十四种苛捐杂税。“自古未闻屎有税，而今只剩屁无捐”这句民谣就是讽刺当时的情况的。

微－刘文彩曾将一则招聘教师的启事刊登在成都《新新新闻报》上。启事中标明：高薪重聘，每月工资四十块大洋，而且这只是基数。如果受聘者愿意在学校长期居住，还可为其配备一座四合小院，如果不愿意在学校居住，可以用小轿车接送其上下班。如果聘用者喜吸烟土，还可以每月免费供给云土鸦片。

微－为了将刘文彩拴在自己身边，其三姨太凌君如想到了一个“借腹生子”的妙计。她找来三个女子，让她们分别怀上刘文彩的孩子，然后自己假装怀孕。为了逼真，她还用棉衣把肚子塞大，走路时还装模作样地撑着腰。直到那三个女人的儿子先后出生，凌君如才恢复常态。又过了几天，刘文彩的三姨太生了三胞胎的事儿传回了大邑县。此事成为轰动四川的头条新闻被各报纸竞相报道。没想到，耳目众多的刘文彩很快就知道了事情的真相。看着长得不一样的“三胞胎”，刘文彩气得大骂凌君如后，带着她回了安仁。

微－1945 年夏，正在院子里晒衣服的凌君如无意中看到刘文彩从王玉清的房间里钻出来。她没好气地哼了一声，然后扭腰往自己的房间走。刘文彩将她叫住，问她的项链哪里去了，是不是送给了哪个野男人。对于刘文彩这种明显是鸡蛋里挑骨头的行为，凌君如没有忍气吞声，而是昂着头，冷笑着回答：“项链是我自己的，我想怎么处理都行。即使送人，你也管不着。”

微 – 贤惠聪颖的刘甫婆极善打理家务，把刘湘照顾得无微不至。不过，她对刘湘的管束也相当严厉。她可以纵容刘湘吸烟、喝酒、打牌，却不许他接近女人。她对来访的年轻漂亮的女性一概不欢迎，其他军官的太太也包括在内。因为刘甫婆的厉害，刘湘也就顺理成章地成了怕老婆的“粑耳朵”。

微 – 一次，新任参谋长郭昌明带着打扮得花枝招展的太太来拜访刘夫人。两人刚一进门，刘甫婆就给他们来了个下马威。二人进门时，刘甫婆正在院子里洗衣服，郭昌明不认识她，就上前询问军长夫人在哪儿。刘甫婆停下手中的活，顺手拉扯着揉皱的衣服，冷冷地问对方自己像不像军长夫人。紧接着，她指着郭昌明的太太，大声嚷着：“从哪里哄骗来的婆娘，像个小妖精。”郭昌明被她的这些话弄得哭笑不得。据说，事后郭昌明的新婚妻子和他吵了一架，并追问他一共哄骗了多少女人。

微 – 刘甫婆是一个好奇心很强的女人，她善妒的特点，刘湘身边的幕僚都知道，于是他们就想了个办法捉弄她。一次，幕僚们发现刘甫婆又在偷听他们议事，就三言两语地说开了。一个说军长最近喜欢上了一个女戏子，一个说军长准备为那个女戏子买别墅。说这些时，他们还摆出一副神秘兮兮、确有其事的样子。结果刘甫婆信以为真，打翻了醋坛子，冲进议事大厅，见物摔物，房间里的茶壶、茶杯、花瓶等物被她摔了一地。最后，她还将那些幕僚挨个儿骂了一顿。

微 – 刘湘死后，其妻刘甫婆听说他是被自己的部下、驻汉口办事处处长邱甲毒死的，而邱甲又是被蒋介石收买的。后来，邱甲到省政府刘湘灵前上香，刘甫婆看到后，令守灵连长把他扣押来，还要将他枪毙。苦于无法脱身的邱甲在慌乱之中想到一个办法，他将“快来救我”四个字写在自己名片的背面，然后派人火速送到了邓汉祥手中。邓汉祥匆忙赶到，一番解释和担保，最终让刘甫婆下令放了邱甲，制止了这起冤案。

微 – 四川甫澄中学是刘湘出资创办的一所学堂。刘湘的儿子刘世英和刘世哲就毕业于这里。刘世英和刘世哲被蒋介石授予少将军衔后，就喜欢穿着少将军服（上面佩戴着一块金板和一颗金星）出入学校。学校的同学私下议论：“拽个锤子，老子是军阀，老娘是吸血鬼，祸国殃民，全靠国难发财。”刘世英、刘世哲听到这番议论后，回家告诉了刘甫婆。刘甫婆听后异常愤怒，马上赶到学校把校长训了一顿，然后命令全校停课，把学生全都集中到操场训话。没什么文化的刘甫婆操着一口浓重的四川口音说：“你们天天说军爬、军爬（军阀）的，难道老娘爬了哪个的幺妹不成？”这通开场白让满场师生目瞪口呆。

– 微 –

苏门三学士，周氏三兄弟：鲁迅家族

在中国文化界，能与“苏门三学士”相提并论的名门家族，恐怕非“周氏三兄弟”莫属。他们在中国文化史上成绩斐然，这也许是老天眷顾他们家吧。然而“周氏三兄弟”与“苏门三学士”最大的不同，则是他们的“后院故事”。他们之间是一个个看不懂的谜，他们兄弟间的老死不相往来，这是悲剧还是憾事，谁也说不清楚。

52分钟前　　来自微历史　　转发(188) | 评论(25) 52分钟前

鲁迅一家

微 - 1893 年，正在北京做官的鲁迅的祖父周介孚为了让自己的儿子周伯宜在杭州会试中考中，私下贿赂主考官。事发后，周介孚被扣押了七年。此后，周家败落下来。此时，鲁迅才十二岁，其弟周作人才八岁。

微 - 鲁迅有许多嗜好，其中爱给人起绰号这一习性是他从小养成的，直到老年都没改。当初在三味书屋学习时，他的对课成绩相当不错，老师寿镜吾先生经常表扬他。一次，一个同学偷得先生对课的题目“独角兽”来问鲁迅应该怎么对。鲁迅告诉对方以“四眼狗”对之最好。结果此人当真以此回答先生的提问，结果自然惹得先生大怒，遭到惩罚。原来先生是近视眼，戴着眼镜。鲁迅则偷偷地躲在一边用书遮着脸笑，最后还憋不住笑出声来。鲁迅还用一个形象的绰号来形容女生的哭状，这个词就是“四条”，原因是女生一哭鼻涕、眼泪一起下。鲁迅在北大讲课时，当时有个叫川岛的青年教授。因为此人留了个学生头，鲁迅为其起绰号“一撮毛”，而且每次见到对方就亲切地叫他“一撮毛哥哥”。

微 – 鲁迅的母亲鲁瑞虽然是个旧式老太太，但她认识字，而且是通过自学的方式识的字。她喜欢读中国旧式小说，因此，鲁迅和弟弟周作人就遍搜小说给她看。老太太看书很快，大约一两个星期就向鲁迅要书来看。鲁迅的小说集《呐喊》出版之后，有人拿给老太太看，说其中的《故乡》一篇特别好看，于是老太太急忙戴上眼镜读。结果读完后，她说没什么好看的，因为里面写的事情乡间都有，算不上是小说。因为母亲非常喜欢张恨水的小说，于是鲁迅就经常买来寄给她看。

鲁迅母亲鲁瑞

微 – 鲁迅喜欢看电影。四十三岁那年，他首次看电影，此后就一发不可收。据统计，1934 年他看了三十七场电影，1935 年，他看了三十六场电影，1936 年秋季，他在病危前还看了十九场电影。平均起来，他几乎每周看一场电影。他轻易不会错过好电影，甚至有些好电影，他会反复观看，而且几乎都是带着全家去看，或是和亲戚朋友同行。在国外引进的电影中，大自然丛林草莽的野兽影片是他的最爱。这种电影就如同今天我们所看的《动物世界》。

微 - 鲁迅在生活中特别风趣、幽默，而且他的幽默是一种带着大气、智慧和乐观的幽默。一次周建人的女儿问他："为什么你的鼻子和我爸爸的鼻子比，要矮一点、扁一点呢？"鲁迅笑着回答："原来的时候，我的鼻子和你爸爸的鼻子一样高。后来，因为我住的地方比较暗，所以我就不停地碰壁，结果把额头和鼻子碰矮了！"

1927年，周建人（左一）与鲁迅、许广平夫妇等合影

微 – 在江南水师学堂读书时，鲁迅用学校奖给他的奖章换书来读。从 1921 年到 1936 年 10 月逝世前夕，鲁迅累计购书达一万四千多册，为此花费 10913.65 元。

微 – 鲁迅懒于理发，尤其是忙的时候，他能一连数月不理发。为此，朋友们开他的玩笑，说："豫才，你怎么还不去修理一下你的'地球'，太难看了！"鲁迅则郑重其事地答道："哦，要我掏腰包修'地球'，你们来看！"最后，直到头发实在太难看了，他才勉强去修理一下。

微 – 一些进步青年在广州创办了"南中国"文学社，但他们怕文学社的第一期刊物销路不好，所以希望鲁迅能为创刊号写一篇文章。鲁迅严肃而不失风趣地拒绝了他们，说："想让刊物畅销其实很简单，你们完全可以在刊物中登骂我的文章，因为刊登骂我的文章的刊物一般销路都特别好。"

微 – 某出版社在其出版的《鲁海拾零》中，刊登了一篇题为《标点和空格》的文章。其中这样写着：应某书局的约请，鲁迅为其翻译一本书。结算稿费时，书局老板以实际字数计算，把标点和空格都扣除了。鲁迅知道后，就把译稿从头到尾都连接起来，不分章节，更没有标点符号。

微 – 李立三想给鲁迅一支手枪，结果鲁迅拒绝了，

他说怕自己误伤自己人。

微 - 鲁迅四十五岁时，一次跳进花圃，小腿和膝盖被铁丝刺破了，所幸只是出了点儿血，伤口并不深。但当天晚饭后的例行散步还是被取消了。也是在那天晚上，因为受伤，他不能到楼下的草坪上小解，无奈之下，他就解在一个瓷唾壶里。白天的时候，他不好意思去倒尿壶，就趁半夜没人的时候，将尿液从窗口泼下去。

微 - 一次，鲁迅到一家理发店理发。理发师不认识他，看其衣着朴素，认为他没钱，于是理发时特别不认真。对此，鲁迅不但不生气，还在理完发后，随随便便地掏出一大把钱付账。该理发师一数，竟然多给了两倍的钱，顿时喜笑颜开。过了一段时间，鲁迅再次光临理发店。该理发师马上拿出全部看家本领为其理发。没想到，理完发后，鲁迅并没有像上次那样豪爽地给钱，而是掏出钱一个一个地数着给了理发师。理发师为此困惑不解，问："为什么今天先生给的钱如此少，上次却……"鲁迅笑着说："你上回是马马虎虎地为我理发，于是我就马马虎虎地付钱；这次你认认真真地为我理发，那么我就认认真真地付钱了。"理发师为此很不好意思。

微 - 鲁迅是一个不太注重穿着的人。长袍是他最爱穿的衣服，因为他的身材比较瘦弱，所以他穿长袍好像比穿西服好看。即便如此，他也是一个过于不修边幅的人。他经常穿着长袍在灰尘中行走，让人感觉他就像自己笔下的落魄人物孔乙己。为此，他还闹出不少笑话。比如说，他曾在乘电梯时被认为是可疑人物；很多人把他当作鸦片鬼；去药店买药，药店的伙计都瞧不起他；他走在街上，经常被警察搜身……

微－鲁迅二十九岁那年在杭州师范学校做化学老师。一天，他带着学生在实验室做氢气实验。因为没带火柴，就出去取。临走时，他叮嘱学生："不要乱动氢气瓶，否则瓶里进入空气就会爆炸。"结果等他回来后做实验，氢气瓶爆炸了。鲁迅认为是学生故意把空气放入氢气瓶，一怒之下辞职。

微－鲁迅娶朱安是由于他母亲的逼迫。结婚时，他发现朱安竟然缠着小脚，内心非常失望。接着进入洞房揭开盖头，他又发现朱安不但长着一张瘦长脸，而且前额高而近秃，颧骨凸出，好像发育不足，而且脸色萎黄，一脸病容。此时的鲁迅内心非常绝望。于是他在洞房中坐了一夜，丝毫没有成婚的快乐。

微－婚后，鲁迅很少向别人说起自己和朱安的婚姻生活。他只对好友许寿裳说过这么一句话，以示自己的沉痛心情："因为这是母亲给我的一件礼物，所以我不得不好好地供养着它，至于爱情，我是不知道的。"

许寿裳，浙江绍兴人，著名教育学家和传记作家

微 – 当初鲁迅把家搬到北京阜成门时，邻家有一对姐妹，鲁迅经常教她们做运动。这对姐妹既年轻又漂亮，因此做起运动来也格外好看。朱安在一旁看到了，非常羡慕她们，于是也在一旁学着她们扭动身体。但由于朱安裹着一双小脚，因此扭动的样子特别难看。鲁迅看到后，心里对朱安更加嫌恶了。

微 – 一次，鲁迅和朱安谈到自己吃过的一种食品很好吃，朱安也附和着说自己吃过，确实很好吃。鲁迅听了非常不高兴，因为他说的这种食物是日本的，中国并没有。朱安本想凑趣，没想到适得其反。

鲁迅原配朱安

微 – 朱安晚年过着特别清苦的生活，一日三餐主要是小米面窝头、菜汤和几样自制的腌菜。更多的时候，她甚至连这种食物都吃不上。万般无奈，她不得不“卖书还债，维持生命”。她在报纸上登了启事，要卖掉鲁迅的藏书。此消息被许广平得知，她就委托一个朋友去和朱安谈，劝她好好保存鲁迅的书，不要卖掉。结果朱安言辞尖刻地说：“你们都说要好好保存鲁迅的遗物，我也是鲁迅的遗物之一，为什么你们不把我好好保存起来？”

微 – 许广平在给鲁迅先生的第一封信中这样写道：“现在执笔写信给你的，是一个受了你快要两年的教训，是每星期翘盼着听讲《小说史略》的，是当你授课时坐在头一排的座位，每每忘形地直率地凭其相同的刚决的言语，在听讲时好发言的一个小学生。她有许多怀疑而愤懑不平的久蓄于中的话，这时许是按抑不住了罢，所以向先生陈诉。”同时她在信中竟提出：“先生，有什么法子在苦药中加点糖分？有糖分是否即绝对不苦？对这样的问题，先生是否会一笑了之，不予回答。”

微 –1925 年 10 月 12 日，在鲁迅主编的《国民新报》副刊乙刊上，一个叫平林的人发表了《同行者》一文。在文中，作者赞扬鲁迅“以热烈的爱、伟大的工作给人类以光和力”，使“将来的世界璀璨而辉煌”。同时，作者在文中还表达了自己将不畏惧“人世间的冷漠、压迫”，不畏惧旧社会卫道者的猛烈袭击，与鲁迅携手同行，“一心一意地向着爱的方向奔驰”的决心。这个人就是许广平，而平林则是她的笔名。

微 – 为了能赢得鲁迅的心，许广平写了《风子是我的爱》一文，在 1926 年将它投到《国民新报副刊》。在文中，她表达了对鲁迅的深情：“它——风子——既然承认我战胜了！甘于做我的俘虏了！……同类也罢！异类也罢！合法也罢！不合法也罢！这都与我们不相干，与你们无关系。总之，风子是我的爱……呀！风子。”

微 –1925 年 8 月 8 日至 14 日，在这一周的时间里，鲁迅和许广平正式确立恋爱关系。这是鲁迅研究学者倪墨炎经过考证得出的结论。他的依据

是，在这一星期中，许广平因为参加了学潮，被学校开除了学籍并要被遣送回乡，于是她不得不躲到鲁迅位于西三条胡同的南屋中。实际上，早在鲁迅喝醉酒的那个端午节后，他们二人就已经确立了恋爱关系。这一点可以从一封信中看出。这封信是鲁迅于“中华民国十四年七月十六日下午七点二十五分八秒半”写给许广平的，因为时间精确到某点某分八秒半，这封信还被许广平称为“一封滑稽文”。

微-1927年10月，鲁迅和许广平在上海同居。为此，周作人写文章批评他，说他是“一个道貌岸然者的‘色情’私奔”。当时有人还匿名写信规劝他：“鲁迅先生，昨与某某诸人同席，二人宣传先生讨姨太太，弃北京之正妻而与女学生发生关系……此事关系先生令名及私德，于先生大有不利，望先生警戒之。”

学生时代的许广平

微-1934年，来到上海的萧红和萧军将家安在四川北路的大陆新村，和鲁迅做邻居。后来，二人因为情断分手后，萧红特别伤感和无助，于是就整日待在鲁迅家打发时间。一天下午，萧红又来到鲁迅家，当时鲁迅正在校对一本著作。看到萧红走进自己的卧室，坐在圆椅上的鲁迅就转过身，面对着萧红，一边站起身来，一边说着“好久不见”。萧红很奇怪，问他：“先生难道忘了，我不是上午刚刚来过吗？而且，即便是忘记上午我曾来过，可我天天都来呀……”

微 – 鲁迅特别喜欢萧红，他曾在写给萧红的信中说："不让我叫你'俏女士'，难不成叫你'俏嫂子''俏婶婶''俏妹妹'……"

萧红与萧军

微 – 鲁迅住在北京砖塔胡同的时候，有几个邻居，其中俞芳姐妹二人没多久就和鲁迅熟悉起来。他们彼此之间熟不拘礼，甚至互相给对方起绰号。因为俞芳属猪，鲁迅就送其"野猪"的绰号；其妹属牛，鲁迅就送其"野牛"的绰号。为此，两姐妹对他"投桃报李"，送其绰号"野蛇"。对此鲁迅颇为不解，问道："蛇也有野的吗？"姐妹二人才醒悟过来，蛇本来就是"野"的，遂放声大笑。

丁玲

微 – 初到北京的丁玲孤苦无依，生活无助。在走投无路的情况下，她就给鲁迅写了一封信，说明自己的窘境，请他帮自己介绍一份工作。不过，当时的丁玲尚未走上文学创作之路，更不曾写过、发表过作品，鲁迅当然不会认识她。于是鲁迅就向一个朋友打听。这个朋友看了信后，说从笔迹上看似乎是休芸芸，而休芸芸是沈从文的笔名。为此，鲁迅认为沈从文用一个女性的名字来骗自己，不但不予理会，还在写给朋友的信中讽刺挖苦沈从文。

微 – 周丰三是周建人的儿子，他非常反对周作人投敌。为了表示抗议，他在周作人投敌前开枪自杀了。事后，周作人把他的灵位供在自己家中

的佛龛上，每次饭前一定要先供上供品。

微 – 周作人非常不喜欢鲁迅的妻子朱安，曾讽刺其“极为矮小，颇有发育不全的样子”。

微 – 周作人翻译完日本作家江马修的小说后，为小说起名为《小的一个人》。后来他自我感觉题目不符合中文语法，可是苦思不得更恰当的译法。后来当他将小说拿到《新青年》发表时，陶孟和提笔在题目上加了一个“小”字，于是小说的名字就成了《小小的一个人》，顿时读来顺畅无比。周作人为此十分佩服陶孟和，将他称为自己的“一字师”。

周作人与妻子羽太信子合影，左一为羽太信子，左二为周作人

微 – 从 1923 年 8 月开始，社会上就流传着关于五四双星周氏兄弟反目原因的种种猜想：有人说周氏兄弟失和是因为鲁迅偷看弟媳羽太信子洗澡被发现造成的；有人说是因为鲁迅趁周作人不在，调戏弟媳造成的；有人说是因为二人本就文化观点不同，后又因弟媳羽太信子从中挑拨造成的；还有人则从弗洛伊德的性心理学说的角度，声称鲁迅因为垂涎弟媳羽太信子，性压抑不得释放，向弟媳示爱又遭拒绝便恼羞成怒，最终与周作人夫妇打了一仗后离开八道湾。

微 – 周作人上课时不管学生，只管教自己的课。他上课时，下面的学生可随便地写情书、打盹儿，做着和课堂内容毫不相关的事情，但他还会给学生很高的分数。

微 – 周作人曾在自己五十岁生日的时候，写了自寿诗，称诗作内容是自己生活的真实写照。当时学坛上的许多人都应和他。但刘半农却对他加以批判，说他不会作画，也从不写草字，“画蛇”之谓何；玩古董“有些瞎吹”；“种胡麻”更非事实；“寒斋”不寒，炉火很旺；“苦茶”不苦，你若去吃，定是三炮台香烟和法国面包房点心。

微 – 周作人特别喜欢民俗学。他曾在《须发爪序》中说明自己的这种喜好：“我是一个嗜好颇多的人……但有一样东西，我总是喜欢，没有厌弃过，而且似乎足以统一我的凌乱的趣味，那就是神话。”

微 – “旧文学中有许多字在现在仍有利用的价值。好像一串朝珠，我们把它拆散，仍可作新的装饰。现代作家中的俞平伯就是最善利用拆散的朝珠。”周作人如是说。

微 – 钱杏邨（阿英）曾写过一首叙事诗，叙述周作人“一生经过”。诗的前四句是：“三十年前志士，五四而后名流，如今腼颜事仇，不顾遗臭万年。”

微 – 身在北京的周作人对国民党的残暴行为严厉谴责，还对当时身在上海却对此暴行“视若无睹”

的蔡元培、胡适等人极为不满。然而随着国民党的残暴更加厉害，周作人开始越来越害怕，而蔡元培、胡适等人却在此时救了包括中共地下党员在内的一些政治犯。

微 - 周作人先生曾这样评价自己："我是一个嗜好颇多的人。假如有这力量，不但是书籍，就是古董也很想买，无论金、石、瓷、瓦，我都是很喜欢的。"

微 - 周作人看到鲁迅写的唯一的一篇爱情小说《伤逝》时，认为鲁迅在小说中不是写普通的恋爱，而是借男女的死亡来哀悼兄弟情谊的断绝。很多年后，周作人还肯定地说自己的感觉不会错。

微 - 当日本侵华的脚步节节逼近时，时在北京的周作人还在想着将日本作为自己的第二故乡。看到他这个样子，鲁迅非常着急，却没办法和他直接交流。后来鲁迅想到一个办法，那就是写信请人婉转地劝周作人南下。当时，这位中间人看到鲁迅写的信，为信中的深情感动得拍案叹道："兄弟分手多年，遇有风吹草动，还是那么关怀！"然而，周作人却对兄长的这份关怀毫无反应。

微 - 1936 年 10 月 19 日，鲁迅辞别人世。第二天，周作人还有一节《六朝散文》的课要讲，他没有请假，夹着一本《颜氏家训》缓缓地走进教室。课堂上，周作人讲的是颜之推的《兄弟》篇。下课铃声响后，他一边收着书，一边对学生说："对不起，因为我要到我母亲那里去，所以下堂课我不能讲了。"当时，学生才发现他脸色晦暗，眼圈发红。

微 – 鲁迅遗嘱：一、不得因为丧事，收受任何人的一文钱。但老朋友的，不在此例。二、赶快收敛，埋掉，拉倒。三、不要做任何关于纪念的事情。四、忘记我，管自己生活。——倘不，那就真是糊涂虫。五、孩子长大，倘无才能，可寻点小事情过活，万不可去做空头文学家或美术家。六、别人应许给你的事物，不可当真。七、损着别人的牙眼却反对报复、主张宽容的人，万勿和他接近。

著名历史学家顾颉刚

微 – 鲁迅对顾颉刚一直心存成见，一直将其称为红鼻子妖怪。一次，孙伏园从中山大学带了给鲁迅和顾颉刚的聘书。因为他先见的是鲁迅，于是就把两张聘书都给他看了。结果鲁迅要求他"把给红鼻子的聘书撕了"。孙伏园言说这样不太好，鲁迅则答道："我看不惯他，撕了吧！"于是因为鲁迅的缘故，顾颉刚最后没能收到中山大学的聘书。

微 – 在追忆和周作人的相识过程时，废名说："在五四以后中国社会运动发轫的时候，我正是一个青年，时常有许多近乎激烈的思想，仿佛新时代就在我们的眼前，那时同岂明先生见面谈话的材料差不多总是关乎实际问题的居多。我有些意见他是赞同的，有些意见他每每唯唯，似乎他不能与我同意，但他不打破我的理想。”

微－因为言辞犀利，说话毫不留情，鲁迅得罪了很多人。1928年5月15日，叶灵凤写的一篇题为《鲁迅先生》的文章刊登在《戈壁》杂志上。文中这样写道：“阴阳脸的老人……躲在酒缸的后面，挥着他‘艺术的武器’，在抵御着纷然而来的外侮。”冯乃超在其作品《艺术与社会生活》中，也对鲁迅加以讽刺：“鲁迅这位老先生……是常从幽暗的酒家的楼头，醉眼陶然地眺望窗外的人生……”对于这些评价，鲁迅持淡定的态度，并说：“这些小人，不配与我为敌。”鲁迅曾自评说：“中国人没有孙悟空主义，都是猪八戒主义，我也是猪八戒主义！”

微－钱玄同曾因为自己是庶出的身份，不太喜欢自己的姓，曾经想改姓“疑古”，丢掉原来的姓氏。于是，他在给顾颉刚的《古史辨》的题签中，就落款为“疑古玄同”。一次，他发现鲁迅的名片所印的名字是“周树人”，便奇怪地问鲁迅为什么名字已经改成两个字的，到了名片上仍然是三个字。已经对他心存成见的鲁迅便讽刺地回答：“别说是两个字的名片，就是四个字的名片我也从不使用。”

微－“其人既是疯子，议论当然是疯话，没有价值的了，但每有言论，也仍在他们的报刊上登出来，不过题目特别，道：‘章疯子大发其疯’。有一回，他可是骂到他们的反对党头上去了，怎么办呢？第二天报上登出来的时候，那题目是‘章疯子居然不疯’。”鲁迅曾如是说。

微 –20 世纪 30 年代，著名编辑赵景深由于外文不太精通，因此在翻译一些外国作品的时候，不时出现“笔误”。一次，他错将“银河”译为“牛奶路”。还有一次，他错将“半人半马怪”译作“半人半牛怪”。鲁迅便据此写了一首打油诗：“可怜织女星，化作马郎妇。乌鸦疑不来，迢迢牛奶路。”

微 – 对于有人问他喜欢和巴金一起工作的原因，鲁迅回答道：因为巴金做事比别人更认真。巴金晚年的时候，在自己的书桌上一定放着一本《汉语词典》。

巴金一家

微 – 林语堂是这样评价鲁迅的：“鲁迅所持非丈二

长矛，亦非青龙大刀，乃炼钢宝剑，名宇宙锋。是剑也，斩石如棉，其锋不挫，刺人杀狗，骨骼尽解。于是鲁迅把玩不释，以为嬉乐，东砍西刨，情不自已，与绍兴学童得一把洋刀戏刻书案情形正复相同，故鲁迅有时或类鲁智深。”

微－对于鲁迅没有用绍兴土白话写《阿Q正传》，胡适深感可惜，认为如果鲁迅能用绍兴土白话来写，小说会更精彩。

微－萧红的《生死场》是鲁迅自费出版的。出版时，鲁迅还为其亲笔写了一篇序。在序中，鲁迅说《生死场》“可以扰乱读者的心”。

微－清末的时候，鲁迅写了文言小说《怀旧》，描写的是他童年的私塾生活。后来，这篇小说被发表在《小说月报》上。主编恽铁樵在审稿时认为这篇小说处处传神，给不少句子加上了双圈。

微－鲁迅的学识渊博深为郁达夫所敬佩。一次，在听了鲁迅讲的故事后，他曾说过这样的一句话来评价鲁迅：“钱武肃王还有方志可查，可是鲁迅所讲的故事，我遍翻群书而不得出处，可真是大海捞针，根本找不到边际。鲁迅太厉害了！”

微－“东方高尔基”是苏联人对鲁迅的称谓，而日本人则将他比之以二叶亭四迷，赵景深则说他像俄国作家契诃夫，还有人将其尊为当代施耐庵。

微 –“惯于长夜过春时，携妇将雏鬓有丝。梦里依稀慈母泪，城头变幻大王旗。忍看朋辈成新鬼，怒向刀丛觅小诗。吟罢低眉无写处，月光如水照缁衣。”这是鲁迅在柔石死后，在对其极度的思念和对反动当局极度的悲愤中写下的。

微 – 鲁迅说自己愿做“牛”，郭沫若说自己愿意做“牛的尾巴”，茅盾则说自己愿意做“牛尾巴上的毛”。

微 –20 世纪 30 年代，茅盾与鲁迅二人一起寓居上海，两个人虽住在两幢楼里，但卧室正好相对。当时茅盾正在创作《追求》，经常深夜睡不着觉，就远远地望着鲁迅所住的房间。看到那里直到深夜也是依旧灯火通明，他不由得长叹一声说道：“亦有失眠似鲁迅，不独失眠是茅盾。”

冯雪峰一家与鲁迅一家合影

微 – 时任苏联塔斯社中国分社社长的罗果夫曾就“在中国，谁最了解鲁迅”这一问题询问许广平，得到的答案是“冯雪峰”。

微 – 作家蒋光慈原名蒋如恒，他在十八岁的时候特别仰慕侠气之士，于是改名字为蒋侠生。北洋

蒋光慈

军阀统治时期，他出于愤怒想出家当和尚，又自号“侠僧”。1922 年，他第一次署名蒋光赤，意为“光者光棍也，赤者赤化暴徒耳”。大革命失败后，为逃避当局的文字狱，他又改名为蒋光慈。于是鲁迅时而称他为蒋光 X，时而称他为蒋光 Y，蒋光 Z。

附录1

张作霖家族年表

清道光年间，张作霖曾祖父张永贵从河北大城迁居辽宁凌海。由于张永贵的经营，到了张作霖祖父张发的时候，家境富有。张发死后，张作霖父亲张有财就带着家产来到了辽宁海城。

1875年3月19日（清光绪元年二月十二日）

张作霖出生于奉天海城驾掌寺村（今辽宁省盘锦市大洼县东风镇叶家村下属“张家窝堡”自然村）。

1887年（光绪十三年）

张作霖大哥张作泰因勾引邻家小媳妇儿被其父张有财失手打死。

1888年（光绪十四年）

张有财被赌友打死后，张作霖母亲王氏带着兄妹四人前往娘家广宁县二道沟乡（今辽宁黑山县绕阳河镇）生活。

1889—1892年

张作霖换了很多工作，卖过包子，当过货郎，学过木匠，后随继父学过兽医、相马。

1892年（光绪十八年）

张作霖来到营口高坎镇一带谋生。

1894年（光绪二十年）

甲午战争爆发后，张作霖在营口应募投清朝宋庆的毅军，当过宋庆的卫兵。

1895年（光绪二十一年）

甲午战败后，张作霖被遣返回乡。是年3月，张作霖与广宁县南乡赵家庙村（今北镇市高山子镇赵家村）农户赵占元的二女儿（张学良生母）结婚。

1897年（光绪二十三年）

张作霖投入广宁土匪董大虎手下，不久自己单干失败。之后又投到程敬芳的山头。张的职位主要是看守绑来的“肉票”。由于跟老大就是否绑架女人问题产生分歧（张极其反感绑架女人），张炒了程老大的鱿鱼，回到了赵家庙。

1900年（光绪二十六年）

张作霖在岳父赵占元和乡绅李龙石的帮助下，在赵家庙一带成立一支“保险队”。

1901年（光绪二十七年）2月18日

除夕之夜，张作霖遭到土匪金寿山的偷袭大败。时赵氏怀有身孕（张学良），长女张冠英还很小，张作霖心腹汤玉麟和孙福山分别背了一个仓皇突围。农历四月十七日，张学良出生，名双喜，后更名为小六子。

1902年（光绪二十八年）4月

张作霖击败项昭子，成为辽西匪王。是年，张作霖通过盛京将军增祺夫人的推荐，成功转型，任管带（副营职）。

1907年（光绪三十三年）

张作霖晋升为奉天巡防营前路统领（旅长职）。

1908年—1910年4月

张作霖被调往吉林省郑家屯、洮南一带，追剿蒙匪，晋升为洮南镇守使。

1911年（宣统三年）10月10日

辛亥革命爆发，张作霖以“率兵勤王”为由，抢先由洮南入奉天。东三省总督赵尔巽任其为“奉天国民保安会”军事部副部长，其间大力镇压同盟会革命志士。张作霖受到清廷破格升赏，出任“关外练兵大臣”，赏顶戴花翎。后升为“奉天巡防营务处总办”。

1912年（民国元年）

袁世凯就任临时大总统，任命张作霖为第二十七师中将师长。

1915年

袁世凯洪宪帝制时张作霖被封为二等子爵、盛武将军，督理奉天军务兼巡阅使。

1916年

张学良与郑家屯（今吉林省双辽）西街丰聚长商号老板的小姐于凤至结婚。张学良四弟张学思出生。

1916年4月22日

袁世凯发布命令，任命第二十七师师长张作霖为盛京将军，督理奉天军务。袁死后，张作霖任奉天督军兼省长。

1917年

张学良长女张闾瑛出生。

1918年

张作霖任东三省巡阅使。

1919年

张学良就读于东北讲武堂。

1920年

张学良五弟张学森出生。张学良从讲武堂毕业。

1922年

张学良率军入关参加第一次直奉战争。张学良六弟张学浚出生。

1924年

张学良率军入关参加第二次直奉战争。张学良七弟张学英、六妹张怀敏出生。

1925年

郭松龄倒戈反奉，失败。张学良八弟张学铨出生，乳名太平。

1927年

张作霖就任中华民国陆海军大元帅。

1928年

皇姑屯事件发生，张作霖身亡。张学良继任东北三省保安总司令。是年年底，东北易帜，全国宣告统一。

1930年

张学良入关调停中原大战。蒋介石任其为全国陆海空军副总司令。张学良幼子张闾琳出生。

1933年

张学良被迫下野游欧。张学良四弟张学思加入中国共产党。

1934年

张学良回国。

1934年3月

张学良被委任为军事委员会委员长武昌行营主任。9月进驻西安。

1936年12月

西安事变爆发。

1937年

蒋介石幽禁张学良。日本制造七七事变，全国抗战爆发。

1947年

张学良被押送台湾。

1954年

张学良大姐张首芳去世。

1964年

张学良与发妻于凤至离婚，与赵一荻结婚。

1970年

张学良四弟张学思去世。

1983年

张学良二弟张学铭、七弟张学英去世。

1990年

于凤至去世。

2000年

赵一荻去世。

2001年

张学良去世。

附录2

袁世凯家族年表

高祖父袁九芝和曾祖父袁耀东都是乡村私塾老师。清乾隆、嘉庆年间袁耀东与淮宁郭如珽之女结婚，生子四人，袁树三、袁甲三、袁凤三和袁重三，还有一女。袁家生活异常清贫。

1835年（清道光十五年）

袁甲三第十次参加科举考试，终于高中进士，授礼部主事。

1850年（道光三十年）

袁甲三长子袁保恒中进士，授翰林院庶吉士。

道光、咸丰年间

在袁耀东夫人郭老太太当家主持下，袁家成为项城首富，并自主修建一座新的大村庄“袁寨”（抵御豫东的捻军）。

1853年（咸丰三年）

袁甲三帮办安徽团练剿防事宜，袁保恒随营效力。

1855年（咸丰五年）

袁甲三遭弹劾革职。

1858年（咸丰八年）

袁甲三督办河南、安徽、江苏剿防事宜，不久任漕运总督，钦差大臣，督办安徽军务。袁树三次子袁保庆中举。

1859年9月16日（咸丰九年八月二十日）

袁世凯生于项城袁寨。

1862年（同治元年）

袁甲三因病辞官。其次子袁保龄中举。

1863年（同治二年）

袁甲三行军时因背上发疽病故。

1864年（同治三年）

袁世凯过继给胞叔袁保庆。

1866年（同治五年）

袁保庆以知府发往山东补用，袁世凯随去读书。

1868年（同治七年）

袁保恒以侍讲学士补用。袁保庆以道员补用，调两江总督差委。

1870年（同治九年）

袁保庆署理江宁盐法道。

1873年（同治十二年）

袁保庆病逝，袁世凯随继母牛氏返回原籍。

1874年（同治十三年）

袁树三长子、袁世凯生父袁保中去世。

1875年（光绪元年）

袁耀东夫人——袁家的主心骨郭老太太去世。

1876年（光绪二年）

袁保恒任刑部左侍郎。袁世凯娶妻于氏。

1876年（光绪二年）、1879年（光绪五年）

袁世凯两次乡试都未考中，遂决计弃文就武。

1877年（光绪三年）

袁保龄以知府选用。

1878年（光绪四年）

袁保恒病逝。袁保龄辞官归里，办理赈务，晋升道员，仍回内阁任职。

1881年（光绪七年）

袁世凯到山东投奔淮军庆军统领吴长庆（袁保庆的结拜兄弟）。

1882年（光绪八年）

23岁的袁世凯随军去朝鲜平息兵变，表现突出，为朝鲜国王所看重，并得清政府奖叙五品同知衔。

1884年（光绪十年）

袁世凯领军击败朝鲜金玉均等人发动的政变，维系清廷在朝鲜的宗主权。由李鸿章奏举，在汉城（今韩国首都首尔）“总理营务处，会办朝鲜防务”。

1885年（光绪十一年）

袁世凯任“驻扎朝鲜总理交涉通商事宜大臣”。

1889年（光绪十五年）

袁保龄病故。

1890年（光绪十六年）

袁世凯以道员补用。

1891年（光绪十七年）

袁世凯继母病逝。

1893年（光绪十九年）

袁世凯补授浙江温处道道台，仍留朝鲜。

1894年（光绪二十年）

中日甲午战争爆发前，袁世凯多次乞请回国，奉旨调回。

1895年（光绪二十一年）8月

袁世凯任督办军务处差委；12月，奉命到天津小站督练新建陆军。

1897年（光绪二十三年）

袁世凯晋升直隶按察使，仍专管练兵事宜。

1898年（光绪二十四年）9月16日

光绪帝召见袁世凯，命以侍郎候补。20日，袁世凯返天津，向直隶总督荣禄告密，出卖维新派。

1899年（光绪二十五年）6月

袁世凯升工部右侍郎；12月，署理山东巡抚（次年3月实授）。

1900年（光绪二十六年）

袁世凯镇压义和团。

1901年（光绪二十七年）11月

袁世凯署理直隶总督兼北洋大臣（次年6月实授），加太子少保衔。

1907年（光绪三十三年）

袁世凯调任外务部尚书、军机大臣。袁克定任农工商部右参议。袁克文任法部员外郎。

1909年1月（光绪三十四年十二月）

袁世凯开缺回河南，先居卫辉府，后迁彰德洹上村。

1910年（宣统二年）

袁克定升农工商部右丞。

1911年（宣统三年）

10月14日，朝廷起用袁世凯为湖广总督，镇压武昌起义，旋又任钦差大臣。11月16日，袁世凯就任内阁总理大臣。12月，兼任议和全权大臣，派代表南下议和。

1912年（民国元年）2月12日

清朝灭亡。15日，南京参议院选举袁世凯为中华民国临时大总统。3月10日，袁世凯在北京就职。

1913年3月20日晚

宋教仁被刺杀于上海车站。7月—9月，袁世凯镇压国民党“二次革命”。10月，当选正式总统。11月，解散国民党，取消国民党议员资格。袁世凯断然拒绝承认英国企图分裂西藏的麦克马洪线。

1914年1月

袁世凯解散国会。2月，停办地方自治会，解散各省省议会。5月，公布中华民国约法。

1915年1月

袁世凯以大总统令颁布《颁定教育要旨》，大力发展教育。同时颁布《权度法施行细则》，开始施行度量衡标准。5月，袁世凯在日本外交压力下，接受了干涉中国内政的“二十一条”中部分条款；第二届远东运动会在上海筹办。11月，袁世凯政府颁布《著作权法》。12月，袁世凯宣布恢复中国的君主制，建立中华帝国，并改元洪宪。总统府改为新华宫。12月25日，全国举行国体投票。是年，经过袁世凯政府立场强硬的谈判，中、俄、蒙签订《恰克图协约》，外蒙古分裂势力于6月9日取消独立，俄国承认外蒙古为中国领土。

1916年1月12日

袁世凯政府公布《传染病预防条例》。3月22日，袁世凯被迫取消帝制，恢复“中华民国”年号。6月6日，袁世凯因尿毒症不治而病逝，享年57岁。8月24日正式归葬于河南安阳。诸子分居。

1917年

袁世凯夫人于氏去世。

1920年

袁世凯九子袁克玖、十子袁克坚、十一子袁克安、十二子袁克度及嫡孙袁家融赴美国留学。

1931年

袁克文病逝于天津。

1936年

袁克文三子袁家骝赴美国留学，后与吴健雄结婚。

1949年

北京解放，政府让袁克定做北京文史馆挂名委员，后因其言论如旧，停止月薪。

1958年

袁克定逝世于北京。

附录3

梅兰芳家族年表

1712年（康熙五十一年）

梅兰芳天祖梅世贤出生于江苏泰县东郊薛家庄，靠种田为生。

1750年（乾隆十五年）

梅兰芳高祖梅万春出生，为雕塑手艺人。

1788年（乾隆五十三年）

梅兰芳曾祖梅天才出生，靠雕刻木刻的佛像和人像为生。

1830年—1860年

苏北水患，梅兰芳曾祖母颜氏无奈之下，将长子梅巧玲卖给苏州江家为义子。梅巧玲后被四喜班的罗巧福赎出，走上戏曲的光明大道。

1882年（光绪八年）

梅巧玲逝世，葬于北京东郊。

1894年（光绪二十年）10月22日

梅兰芳生于北京李铁拐斜街梅宅。

1897年（光绪二十三年）

梅兰芳父亲梅竹芬病逝。

1899年（光绪二十五年）

梅家因生活所迫，将李铁拐斜街的老屋出售。

1902年（光绪二十八年）

梅兰芳师从吴菱仙学青衣。

1904年（光绪三十年）

梅兰芳在北京广和楼初次登台，饰昆剧《长生殿·鹊桥密誓》中的织女。

1906年（光绪三十二年）

梅兰芳伯父梅雨田选入升平署，任“场面”琴师兼做教习。

1907年（光绪三十三年）

梅兰芳正式搭“喜连成”班。又从姑丈秦稚芬、姑表叔胡二庚学花旦戏。

1908年（光绪三十四年）

梅兰芳母亲杨长玉（著名京剧武生演员杨隆寿之女）病逝。

1910年（宣统二年）

梅兰芳与王明华（名武生王毓楼之妹）结婚。

1911年（宣统三年）

双庆班在北京文明茶园贴演《玉堂春》，梅雨田操琴，梅兰芳主演苏三，演出获得成功。梅兰芳长子梅大永出生。

1912年（民国元年）

梅雨田病逝。梅兰芳首次与谭培鑫同台演出。秋天，革命领袖黄兴来京，梅兰芳参加了欢迎大会。

1913年

19 岁的梅兰芳应许少卿的邀请，赴上海演出《虹霓关》《穆柯寨》等戏，很受欢迎。

1914年

梅兰芳开始学习绘画。梅兰芳的主要编剧齐如山第一次造访梅宅。

1914年10月—1916年

梅兰芳排演时装新戏《孽海波澜》《宦海潮》《邓霞姑》《牢狱鸳鸯》《一缕麻》和古装新戏《嫦娥奔月》《黛玉葬花》《千金一笑》。

1916年

梅兰芳与杨小楼初次合作。

1917年—1918年

梅兰芳排演古装新戏《木兰从军》《天女散花》《麻姑献寿》《红线盗盒》和时装新戏《童女斩蛇》。

1919年

梅兰芳第一次赴日演出，妻子王明华随行。收下第一个弟子程砚秋。

1920年

梅兰芳排演古装新戏《上元夫人》。在上海商务印书馆摄制组，首次拍摄无声电影《春香闹学》（昆曲）和《天女散花》（京剧）。

1921年冬

因王明华所生子女皆早殇，经吴菱仙介绍，梅兰芳和崇雅社女科班青衣演员福芝芳结婚。福芝芳为了照顾梅兰芳的演出和生活，毅然告别舞台。

1922年

排演古装新戏《霸王别姬》，杨小楼饰项羽，梅兰芳饰虞姬。

1923年—1925年

梅兰芳排演古装新戏《西施》《洛神》《廉锦枫》以及《太真外传》。

1924年

梅兰芳第二次访问日本，并拍摄无声电影《虹霓关》《廉锦枫》片段。

1926年1月

梅兰芳祖母于北京病逝，长子梅葆琛出生。

1927年

北京《顺天时报》举办“首届京剧旦角名伶评选”，梅兰芳被评为“梅程荀尚”四大名旦之首。

1928年1月

梅兰芳次子梅葆珍（后名绍武）出生。排演古装新戏《凤还巢》和《春灯谜》。

1929年12月下旬

梅兰芳首次访问美国演出。

1930年3月

在美国拍摄有声电影《刺虎》。9月，梅兰芳女儿梅葆玥出生。9月18日，梅兰芳在北京中和园演出《宇宙锋》。东北边防军司令长官张学良伤寒刚愈，也带着护士和警卫赶来捧场。

1932年春

梅兰芳举家迁往上海，义演三天为淞沪抗战募捐。

1933年

梅兰芳在上海排演《抗金兵》和《生死恨》。

1934年3月

梅兰芳小儿子梅葆玖出生。

1935年2月

梅兰芳首次访问苏联演出。4 月，赴波兰、德国、法国、比利时、意大利等国进行戏剧考察。

1937年—1942年

梅兰芳率团赴香港演出，上海沦陷留居香港；蓄须明志，拒绝为日伪演出。

1942年—1945年

梅兰芳从港返沪后，杜门谢客，拒绝为日伪演出；办画展以谋生。

1945年

梅兰芳在兰心剧场参加抗战胜利的庆祝会，和程少余合演《贞娥刺虎》。

1948年

梅兰芳拍摄中国第一部彩色戏曲片《生死恨》。

1949年6月

梅兰芳赴京参加全国第一次文学艺术界代表大会。9 月，出席全国政协会议。10 月 1 日参加了开国盛典。

1951年4月

梅兰芳任中国戏曲研究院院长。冬，回北京定居。

1952年12月

梅兰芳赴维也纳参加世界和平大会。

1954年

梅兰芳当选为全国人大代表。中国剧协出版《梅兰芳演出剧本选集》。

1955年

梅兰芳任中国京剧院院长。《梅兰芳舞台艺术》戏曲片拍摄完毕。

1956年3月

梅兰芳第一次返故乡江苏泰州祭

扫祖墓，并访问演出。5 月，率团第三次访问日本。

1959年3月

梅兰芳加入中国共产党。10 月，编演《穆桂英挂帅》。

1960年1月

《游园惊梦》电影片拍摄完成。2 月，梅兰芳再次访问苏联。是年，当选为全国文联副主席和中国剧协副主席。

1961年5月

梅兰芳为中国科学院科技人员演出《穆桂英挂帅》。7 月，心绞痛突发，住北京阜外医院。8 月4 日，周总理从北戴河赶回北京探视梅病情。8 月 8 日凌晨，梅兰芳在北京病逝。

附录4

林徽因家族年表

1889年（光绪十五年）

林徽因祖父林孝恂中进士，授翰林院编修，官封浙江海宁知县，林家从福建迁于此。同年，林徽因父亲林长民中秀才。

1904年（光绪三十年）6月10日

林徽因生于浙江杭州。

1906年（光绪三十二年）

林长民赴日本早稻田大学学习，曾任留日福建同乡会会长。

1909年（宣统元年）

林长民毕业回国，任福建省谘议局书记长、法政学堂教习及教务长。后自办私立法政学堂，任校长。林徽因跟着大姑林泽民启蒙读书。

1911年（宣统三年）3月29日

林徽因叔父林尹民成为广州起义“黄花岗七十二烈士”之一。4月27日林徽因叔父林觉民在广州起义中被捕牺牲。林长民代表福建省参加南京各省都督府代表联合会。

1912年（民国元年）

南京临时政府成立，林长民任内务部参事、法典委员，并被推为闽省代表，参与制定《临时约法》。2月，林长民与程德全等组织“统一党”，后与张謇等组建“共和党”。参议院北迁后任秘书长。林徽因随祖父迁居上海。

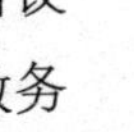

1913年

林长民当选为第一届众议院议员，任秘书长兼宪法起草委员会委员。

1914年

林长民任政事堂参议、参政院代理秘书长。后“共和党”与其他保守派合并为“进步党”，任政务部部长。

1915年

林长民历任国务院参议、法制局局长。

1916年

全家迁往北京。林徽因与表姐妹入英国教会学校培华女中读书。

1917年7月

林长民任段祺瑞内阁司法总长。

1918年

林长民任总统府外交委员会委员兼事务主任，后任国联同志会理事。林徽因初识梁思成。

1920年

林长民与女儿林徽因周游欧洲。在英国伦敦，林长民与梁启超等倡组“讲学社”。林徽因与徐志摩初识，徐开始追求林。

1921年5月

林长民被推为中国首席代表出席世界国联总会。10月回国，林徽因继续在培华女中学习。

1922年

林徽因与梁思成恋爱。

1923年

林徽因与梁思成常参加徐志摩等组织的“聚餐会”（“新月社”前身）。是年，林徽因毕业于培华女中，并考取半官费留学。

1924年

林长民任福建大学校长。4月23日，泰戈尔访华来京。5月8日，为庆祝泰戈尔64岁生日，北京文化界用英文演出泰戈尔名剧《奇特拉》，林徽因饰主角奇特拉，徐志摩饰爱神玛达那，林长民饰春神伐森塔，梁思成负责舞台美术。6月，林徽因、梁思成同去美国宾夕法尼亚大学学习。因该校建筑系不收女生，故改入美术系，林徽因仍兼修建筑系课程。

1925年5月

林长民任宪法起草委员会委员长。后入奉军郭松龄幕府，参加反张作霖战争，在苏家屯为流弹击中身亡。林徽因欲弃学回国，梁启超劝阻：“我从今以后，把她和思庄一样看待。”

1927年6月

林徽因获宾夕法尼亚大学美术学学士学位。12 月 18 日，梁思成、林徽因尚在美国，双方家庭却在北京为两人举行了订婚仪式。

1928年3月

梁思成与林徽因赴加拿大渥太华结婚。林徽因为自己设计了一套东方式结婚礼服。是年 8 月，梁思成、林徽因一同受聘于东北大学建筑系。梁任系主任。

1929年1月19日

梁启超病故，梁思成、林徽因为其父设计墓碑。是年，张学良征求东北大学校徽图案。林徽因设计“白山黑水”图案中奖。8 月，林徽因女儿梁再冰生于沈阳。

1930 年 12 月，林徽因由沈阳返回北平治病。

1931年3月

林徽因到香山养病。11 月 19 日，徐志摩于济南附近坠机罹难。林徽因写散文《悼志摩》刊于 12 月 7 日《晨报》，并留飞机残骸木板一块以作留念。

1932年4月

林徽因与梁思成等往河北蓟县考察古建筑。是年，新婚的美国学者费正清、费慰梅来华，结识林徽因、梁思成夫妇。

1934年1月

中国营造学社出版梁思成署名的《清式营造则例》，林徽因为本书写了“绪论”。是年，最有影响的作品《九十九度中》《窗子以外》先后在《学文》月刊及《大公报·文艺副刊》发表。

1935年3月

林徽因与梁思成合著《晋汾古建筑预查记略》一文。11 月，沈从文在《大公报·文艺副刊》发表文章称林徽因与陈梦家、戴望舒、臧克家、卞之琳等可算是“几个特有成就的作者”。

1936年

林徽因先后发表诗《深笑》《静院》《风筝》《记忆》《无题》等；发表散文《蛛丝和梅花》《究竟怎么一回事》及短篇小说《模影零篇·文珍》。8月，编选的《大公报·文艺丛刊小说选》出版。10月，《平津文化界对时局宣言》发表。《宣言》向当局提出抗日救亡的八项要求。林徽因作为发起人之一，在宣言上签名。

1937年7月

林徽因与梁思成往山西考察，发现当时国内已知最古老的木构建筑——佛光寺。9月，林徽因、梁思成全家与清华、北大教授一起南迁。

1938年

林徽因一家到达昆明。梁思成开始积极恢复“中国营造学社”。

1940年

林徽因一家随中央研究院迁往四川南溪县李庄镇。不久，林徽因肺病复发，从此卧床不起。

1941年春

林徽因三弟林恒在空战中阵亡。林徽因抱病阅读“二十四史”，为《中国建筑史》的撰写做资料准备工作。她写了该书的第七章，并承担了全书的校对和补充工作。

1944年

林徽因的论文《现代住宅设计的参考》发表于《中国营造学社汇刊》（油印本）七卷二期。是年，协助梁思成撰写英文稿的《图像中国建筑史》。该书于1984年在美国马萨诸塞理工学院出版社出版，并获当年全美优秀出版物荣誉。

1946年7月31日

林徽因一家同西南联大教工一起返回北平。后为清华设计胜困院教师住宅。10月，梁思成应聘赴耶鲁大学讲学。是年，作诗《对残枝》《对北门街园子》；发表散文《一片阳光》。

1947年12月

林徽因做肾切除手术。手术虽然

成功，但体质严重受损。

1948年12月13日

清华园解放。12 月下旬，解放军代表由张奚若陪同，请梁、林画出要保护的古建筑。

1949年2月

北平解放。9 月，政协筹委会决定邀请清华大学、中央美术学院分别设计国徽图案。林徽因和梁思成负责主持清华大学设计组。

1950年 6月23日

林徽因被特邀参加全国政协一届二次会议，提出旨在保护古城面貌的“城墙公园”设想。

1951年

林徽因被任命为人民英雄纪念碑建筑委员会委员，并具体承担为碑座设计纹饰和花圈浮雕图案的任务。

1952年

应《新观察》杂志之约，林徽因撰写了《中山堂》《北海公园》《天坛》《颐和园》《雍和宫》《故宫》等一组介绍我国古建筑的文章。

1953年9月

林徽因被邀参加第二届全国文代会。江丰在美术家协会的报告上，对林徽因和清华小组挽救景泰蓝的工作，给予了充分肯定。10 月，中国建筑学会成立，林徽因当选为第一届理事会理事，兼任中国建筑研究委员会委员。

1954年6月

林徽因当选为北京市人民代表大会代表。秋，住进同仁医院。

1955年4月1日6时20分

林徽因病逝于同仁医院。治丧委员会由张奚若、周培源、钱端科、钱伟长、金岳霖等十三人组成。金岳霖作“一身诗意千寻瀑，万古人间四月天”挽联。4 月 3 日，在金鱼胡同贤良寺举行追悼会。遗体安放在八宝山革命公墓。墓碑上书“建筑师林徽因之墓”。

附录5

梁启超家族年表

1815年（清嘉庆二十年）

梁启超曾祖梁维清出生，兄弟八人，仅靠几亩薄田度日。后娶广东提督黎第光之女，梁维清经过多年努力后中了秀才，做了县教谕的小官。

1849年（道光二十九年）

梁启超父亲梁宝瑛出生，一生只是个乡村私塾老师。母亲王氏出身书香门第，能诗能文。

1873年2月23日（同治十二年正月二十六日）

梁启超生于广东省新会县熊子乡茶坑村。

1876年（光绪二年）

梁启超始读四书五经。

1884年11月（光绪十年）

12 岁的梁启超中秀才。

1889年9月（光绪十五年）

17 岁的梁启超参加广东乡试，中举人第八名。主考李端秦嘉其才华，以堂妹李蕙仙许之。

1890年（光绪十六年）春

梁启超赴京会试不中。是年 9 月，拜康有为为师。

1891年（光绪十七年）11月

梁启超入京，与李蕙仙成婚。

1892年（光绪十八年）3月

入京会试又不中。继续在万木草堂受业。

1893年（光绪十九年）

20岁的梁启超当上了爸爸，长女梁思顺出生于新会老家。冬，讲学于东莞。

1895年（光绪二十一年）春

梁启超与康有为同赴北京会试，均不中。5月2日，和康有为一起发动“公车上书”。8月起，梁启超协助康有为在京创办强学会。

1896年（光绪二十二年）8月9日

《时务报》在上海创刊，任主笔。11月，赴澳门筹办《知新报》。

1897年（光绪二十三年）11月

被迫离开《时务报》，随即赴长沙湖南时务学堂任总教习。

1898年（光绪二十四年）7月3日

光绪帝召见梁启超，赏六品衔，办理京师大学堂译书局事务。“百日维新”期间，助康有为倡行新政。戊戌政变当晚，梁启超避入日本公使馆，随后乘日舰“大岛号”逃亡日本。

1899年（光绪二十五年）

8月、9月间，得华侨资助，在东京创办高等大同学校，并于神户等办同文学校，次年春成。夏、秋间，与孙中山交往日密，“渐赞成革命”。始作《饮冰室自由书》。

1900年（光绪二十六年）2月—7月

居檀香山半年，倡议成立保皇会，并四处募集捐款。9月，应澳大利亚保皇会之邀，取道印度游澳大利亚。居澳半年，环洲游说。

1901年（光绪二十七年）4月20日

梁思成出生于日本东京。梁启超著《南海康先生传》。

1902年（光绪二十八年）2月8日

梁启超于日本横滨创刊《新民丛报》（半月刊），创刊号发表《新民说》。

1903年（光绪二十九年）

《新大陆游记》成书。梁启超与王桂荃结婚。

1904年（光绪三十年）3月

梁启超赴香港参加保皇会大会。10月7日，梁思永在上海出生。

1905年（光绪三十一年）秋冬间

梁启超为端方等代草考察宪政报告之类奏议，约二十万言。

1906年（光绪三十二年）1月6日

《新民说》连载完毕，梁启超与革命派论战白热化。

1907年（光绪三十三年）

梁思忠出生于日本。

1908年（光绪三十四年）9月4日

梁启超女儿梁思庄出生于日本神户。先后上书摄政王载沣和肃王善耆，申明救国主张。

1909年（宣统元年）冬

梁启超指导国会请愿同志会赴京请愿活动。

1910年（宣统二年）2月20日

《国风报》创刊。

1911年（宣统三年）11月6日

梁启超离开日本回国，9日抵大连，旋往沈阳。因形势严峻，乃匆匆折返日本。

1912年（民国元年）

梁启超与康有为政治上分途。8月27日，民主党成立，以梁启超为党魁。12月15日，梁思达出生于日本神户。

1913年9月11日

进步党“人才内阁”成立，梁启超出任司法总长。是年，梁启超夫人李蕙仙带领全家由日本回国。

1914年2月19日

梁启超被任命为币制局总裁。年底，举家迁居天津。

1915年8月

梁启超与弟子蔡锷密商反袁大计。

1916年5月1日

两广“护国军都司令部”成立，梁启超任都参谋。5月8日，就任护国军军务院抚军兼政务委员长。23日，任滇黔桂三省总代表。11月8日，蔡锷逝世，作《祭蔡松坡文》。12月，发起创办松坡国书馆。

1917年7月17日

梁启超出任段祺瑞内阁财政总长。

1918年8月—9月

因著述过勤，梁启超吐血数次。病愈后转读佛书。

1918年12月—1919年12月

梁启超由上海起航，赴欧洲游历。

1920年

梁启超归国后，与蒋百里等组织共学社，编译新书。9 月 5 日，创办讲学社。是年，刻意著述，成《清代学术概论》《墨经校释》。撰中国古代哲学及佛学论文多篇。承办上海中国公学。

1921年10月10日—12月21日

梁启超应天津、北京各校邀请，作公开演讲七次。

1922年4月1日—9月中旬

梁启超在北京、济南、南京、上海、南通、武昌、长沙等地作巡回学术讲演二十余次。

1923年5月7日

梁思成、梁思永遭遇车祸，经抢救脱险。9 月起，讲学清华学校。1924 年 6 月，梁思成、梁思永赴美留学。8 月 24 日，梁思礼生于北京。9 月 13 日，梁夫人李蕙仙病故。

1925年9月初

梁启超开始主持清华研究院。就任京师图书馆馆长。

1926年3月16日

梁启超在北平协和医院被误割去好肾。春，就任中华教育文化基金会所设北京图书馆馆长。

1927年

梁启超续任清华学校导师外，又在燕京大学兼课。

1928年3月21日

梁思成与林徽因在加拿大渥太华举行婚礼。6 月，梁启超完全辞去清华研究院各事。10 月 12 日，病重绝笔。

1929年1月19日

梁启超病逝于北平协和医院。

注：

梁思顺，日本女子师范学校。

梁思成，清华大学、美国宾夕法尼亚大学。

梁思永，清华大学、美国哈佛大学考古学和人类学。

梁思忠，美国弗吉尼亚陆军学校、西点军校。

梁思庄，加拿大麦基尔大学、美国哥伦比亚大学。

梁思达，南开大学经济系。

梁思懿，燕京大学学医、美国南加州大学历史系。

梁思宁，南开大学。

梁思礼，美国普渡大学，辛辛那提大学。

附录6

顾维钧家族年表

1857年（咸丰七年）

顾维钧父亲顾溶出生，其祖父顾晋恩为江苏嘉定仕宦首户。

1860年（咸丰十年）

顾维钧祖父顾晋恩及其弟兄四人被太平军绑架，不久去世。祖母邹氏携儿带女投奔上海的亲戚。途中扔掉女儿（后寻回），只带儿子谋生，家道自此中落。

1870年（同治九年）

顾溶进一家京广洋杂货店当学徒。

1881年（光绪七年）

此前顾溶娶蒋福安为妻，婚后在岳父所开报关行工作，生活有所好转。是年，顾维钧大哥顾敬初出生。

1887年（光绪十三年）

顾溶在轮船招商局担任一条轮船的帮账（会计），从此家境显著改善。

1888年（光绪十四年）农历正月二十九

顾维钧出生于上海卖根路上的一幢石库门房，排行第四。

1891年（光绪十七年）

顾维钧随二哥入私塾发蒙，前后有七年之久。

1898年（光绪二十四年）

顾溶升任上海兵备道财政主管。

1899年（光绪二十五年）

顾维钧姐姐出嫁。由姐夫蒋昌桂介绍，顾维钧入基督教卫理公会所办英华书院预科求学。

1900年（光绪二十六年）7月

顾维钧因患疟疾辍学至10月。同年与上海中医名家张骧云的侄孙女张润娥订婚。

1901年（光绪二十七年）

顾维钧同时被基督教会所办的上海圣约翰书院和盛宣怀所办的南洋公学录取，最后选择就读于圣约翰书院。

1904年（光绪三十年）

顾维钧自费随施肇基率领的湖北官费生赴美留学，进入纽约库克学院学习英语和预科课程。

1905年（光绪三十一年）

顾维钧考入哥伦比亚大学，师从穆尔教授，主修国际法和外交，历时六年半。先后获学士、硕士和博士学位。其间担任过学生会代表、校刊《旁观者》编辑、校际辩论队队员、《中国学生月刊》主编，以及《纽约先驱报》的中文译员。

1909年（光绪三十五年）秋

顾维钧在哥伦比亚大学与孙中山相见。同年5月，汉冶萍煤铁厂矿股份有限公司召开第一次股东会议，顾溶被选为查账董事。

1910年（宣统二年）1月

应清特使唐绍仪之邀，顾维钧去华盛顿访问十天，得到唐氏赏识。此间与时任普林斯顿大学校长威尔逊会晤，相谈甚欢。

1911年（宣统三年）3月

顾溶升任大清交通银行上海分行第三任总办。顾维钧与张氏协议离婚。

1912年（民国元年）3月

顾维钧通过博士论文答辩。4月，回国抵北京，任总统袁世凯英文秘书兼国务总理唐绍仪秘书。8月，兼任外交部秘书。

1913年6月

顾维钧与唐绍仪之女唐宝玥在上海结婚。参与中英关于西藏问题的谈判。

1914年

顾维钧晋升为外交部参事，仍兼任总统府秘书。与汪精卫、梅兰芳有“三大美男子”之美誉。与周诒春、颜惠庆、梁敦彦、詹天佑等，发起联合留美、留欧归国学生，成立欧美同学会。

1915年春

顾维钧参与中日“二十一条”交涉。7 月，被任命为驻墨西哥公使。10 月改派驻美国兼古巴公使。11 月赴美后应邀参加威尔逊总统的婚礼。顾维钧的长子顾德昌在华盛顿出世。

1916年1月

袁世凯复辟帝制。接外交部通告，要求使用洪宪年号和更改行文格式，顾维钧发电抗议并拒绝。4 月，签署中美《六厘金币库券合同》。11 月，签署中美《芝加哥银行借款合同》。

1917年4月

顾维钧建议北京政府追随美国对德宣战，随后在驻美公使馆成立专事研究收回山东主权和废除不平等条约的小组，为参加和会作好准备。6 月初，顾维钧父亲顾溶在上海因病去世。11 月，就《蓝辛－石井协定》向美国递交照会。

1918年10月

顾维钧夫人唐宝玥在美国病故，年仅 29 岁。12 月，顾维钧奉派参加巴黎和会。

1919年1月28日

顾维钧在巴黎和会上就山东问题代表中国发言，驳斥了日本的无理要求，语惊四座，声名鹊起。至后期实际主持代表团工作，6 月 28 日，拒签对德和约。

1920年8月

顾维钧任中国出席国联全权代表。10 月，调任驻英公使。11 月，与印尼“糖王”黄仲涵之女黄蕙兰结婚。12 月，当选国联理事会非常任理事。

1921年2月

顾维钧任修改国联盟约委员会委员。8 月，当选国联理事会主席。11 月，作为中国第二全权代表出席华盛顿会议，提出关于中国关税自主、收回租界地、取消领事裁判权等议案，惜未取得实质性成果。

1922年1月

顾维钧次子顾裕昌在华盛顿中国代表团驻地出生。2月，签署《解决山东悬案条约》和《九国公约》。6月，任全国财政讨论会会长。8月，任王宠惠内阁外交总长，不久辞职。11月，发表终止中国与比利时条约宣言。是年，夫人黄蕙兰以巨款购得北京铁狮子胡同原陈圆圆故居作为府邸。

1923年7月

顾维钧任高凌蔚内阁外交总长。

1924年1月

顾维钧任孙宝琦内阁外交总长。5月，签订《中苏协定》。9月，任颜惠庆内阁外交总长。10月，冯玉祥发动“北京政变”后弃职离京。是年9月，发生江浙军阀齐（燮元）卢（永祥）之战，嘉定首当其冲，顾家宗祠内的前妻唐宝玥灵柩遭散兵劫掠。岳父黄仲涵病逝于新加坡。

1925年

顾维钧寓居上海。

1926年5月

顾维钧任颜惠庆内阁财政总长。7月，在杜锡珪内阁留任财政总长。10月，代理国务总理兼外交总长。11月，代表政府宣布终止1865年中国与比利时条约，开创中国近代外交史废除不平等条约的先例。

1927年1月

顾维钧署理国务总理兼外交总长。6月，张作霖组织军政府，顾内阁总辞职。

1928年7月

顾维钧被南京国民政府通缉，赴欧洲旅居。

1929年

应张学良之邀，顾维钧返国抵沈阳。

1930年2月

顾维钧在黑龙江西北购得大量土地。同时与交通银行和金城银行组成投资集团，与美孚石油公司合作。经张学良疏通，国民政府撤销通缉令。母亲病故，上海市市长吴铁城亲往吊唁。

1931年11月

顾维钧任国民政府外交部部长。12月，辞外交部部长职。

1932年3月

顾维钧任国联李顿调查团中国顾问。4月，陪调查团赴东北调查。8月，被委任为驻法公使。10月，任国联中国代表，迫使国联大会通过《李顿报告书》。

1933年5月

顾维钧任日内瓦裁军会议中国代表。9月，出席国联第十四届大会。

1934年6月

顾维钧请假回国。在南京和江西，与汪精卫、蒋介石商谈外交情势；在青岛，与蔡元培、李石曾等老友叙谊，顺便在上海、杭州等地旅游。

1935年

顾维钧暂居国内。

1936年2月

顾维钧任驻法大使。9月，代表中国出席国联第十七届大会。顾裕昌、顾福昌入上海圣约翰附中读书。

1937年9月

顾维钧在国联呼吁制裁日本侵略。10月，奉派为中国出席布鲁塞尔会议代表。

1938年7月

顾维钧与美国财长摩根索接洽援华事宜。9月，前岳父唐绍仪以八十高龄在上海遇害身亡。

1939年3月

顾维钧接国民政府指示，与法国商讨中法英合作事宜。7月，出席国联第二十届大会。11月，召集驻欧各中国使节，商讨外交方略，并敦促政府加强对美外交。

1940年6月

巴黎被德国占领，顾维钧随法国政府迁至维希。

1941年5月

顾维钧被调任驻英大使。7月，抵达伦敦。女儿顾菊珍在重庆与钱家其结婚。

1942年

顾维钧在蒋介石的劝说下加入国民党。

1943年7月

宋子文访英，顾维钧安排并参加与英国政府会谈等事宜。

1944年8月

顾维钧任中国首席代表，赴美国参加敦巴顿橡树园会议，商讨第二次世界大战战后事务和筹建联合国。

1945年12月

顾维钧任中国出席联合国第一届大会代表。

1946年6月

顾维钧调任驻美大使。7月，抵达华盛顿就任。12月，岳母魏氏（黄蕙兰之母）去世。

1947年5月

顾维钧向美国政府提出10亿美元贷款要求。顾菊珍在联合国托管部任职。

1948年

顾维钧向杜鲁门总统提出援华要求，并任出席联合国粮农组织会议代表团团长。

1949年5月

顾维钧与胡适、蒋廷黻等人策划一个由归国的留美学者组成的自由内阁，未果。

1950年6月

朝鲜战争爆发，顾维钧就杜鲁门声明向台湾提出应对建议。

1951年6月

顾维钧向美国国务卿杜勒斯声明台湾有关对日和约的立场。

1952年10月

顾维钧向叶公超提出辞职要求，被劝阻。

1953年3月

顾维钧向美国提出缔结美台“共同防御条约”的要求。

1954年11月

顾维钧同叶公超一起与美国谈判“共同防御条约”。12 月 2 日，在条约上签字。

1955年

顾维钧同美国政府交涉国民党军从大陈岛撤退和美国协防金门、马祖事宜。

1956年2月

顾维钧递交辞呈。4 月，被免“大使”职务，同时受聘为“总统府”资政。与黄蕙兰离婚，结束了 37 年的夫妻关系。

1957年1月

顾维钧当选国际法院法官。

1959年

顾维钧与前驻马尼拉总领事杨光泩之遗孀严幼韵结婚。

1960年

顾维钧开始口述回忆录的工作。在海牙租房安家，并接严幼韵同住。

1964年3月

顾维钧当选为国际法院副院长。10 月，退出国际法院法官竞选。香港航运大王董浩云一行来访。

1967年

顾维钧定居纽约，开始退休生活。

1972年9月

章含之受毛泽东委托前去拜访顾维钧。顾菊珍夫妇应中国驻联合国副秘书长唐明照之邀，首次回国探亲观光。

1976年

顾维钧一万一千页的英文版口述回忆录完成，捐赠给母校哥伦比亚大学。

1985年11月14日

顾维钧在纽约寓所无疾而终，享年 98 岁。

图书在版编目（CIP）数据

微历史：1840 ~ 1949 百年家族 / 王牧编著 . —长沙：湖南文艺出版社，2013.1
ISBN 978-7-5404-5659-7

Ⅰ . ①微…　Ⅱ . ①王…　Ⅲ . ①政治人物—家族—历史—研究—中国—1840 ~ 1949　Ⅳ . ① K827 = 5

中国版本图书馆 CIP 数据核字（2012）第 140588 号

上架建议：中国历史 · 通俗读物

微历史：1840 ~ 1949百年家族

编　　著：王　牧
出 版 人：刘清华
责任编辑：丁丽丹　刘诗哲
监　　制：伍　志
策划编辑：龙　右　赵省伟
营销编辑：刘菲菲
装帧设计：熊猫布克
出版发行：湖南文艺出版社
（长沙市雨花区东二环一段 508 号　邮编：410014）
网　　址：www.hnwy.net
印　　刷：北京天宇万达印刷有限公司
经　　销：新华书店
开　　本：720mm × 1000mm　1/16
字　　数：220 千字
印　　张：19
版　　次：2013 年 1 月第 1 版
印　　次：2013 年 1 月第 1 次印刷
书　　号：ISBN 978-7-5404-5659-7
定　　价：35.00 元
（若有质量问题，请致电质量监督电话：010-84409925）